Sotaques
e d'além d'aquém
mar

Dados Internacionais de Catalogação na Publicação (CIP)
(Câmara Brasileira do Livro, SP, Brasil)

Chaparro, Manuel Carlos
   Sotaques d'aquém e d'além mar: travessias para uma nova teoria
de gêneros jornalísticos / Manuel Carlos Chaparro. São Paulo:
Summus, 2008.

ISBN 978-85-323-0504-6

1. Jornalismo – Brasil 2. Jornalismo – Portugal
3. Jornalismo – Teoria I. Título.

07-9866   CDD-070.401

Índice para catálogo sistemático:
1. Gêneros jornalísticos : Jornalismo comparado   070.401

Compre em lugar de fotocopiar.
Cada real que você dá por um livro recompensa seus autores
e os convida a produzir mais sobre o tema;
incentiva seus editores a encomendar, traduzir e publicar
outras obras sobre o assunto;
e paga aos livreiros por estocar e levar até você livros
para a sua informação e o seu entretenimento.
Cada real que você dá pela fotocópia não autorizada de um livro
financia o crime
e ajuda a matar a produção intelectual de seu país.

MANUEL CARLOS CHAPARRO

Sotaques d'aquém e d'além mar

Travessias para uma nova teoria de gêneros jornalísticos

summus editorial

SOTAQUES D´AQUÉM E D´ALÉM MAR
Travessia para uma nova teoria de gêneros jornalísticos
Copyright © 2008 by Manuel Carlos Chaparro
Direitos desta edição reservados por Summus Editorial

Este livro foi originariamente publicado em Santarém, Portugal, pela Edições Jortejo (1998), então sob o título Sotaques d'aquém e d'além mar – Percursos e gêneros do jornalismo português e brasileiro. *É agora editado no Brasil, pela Summus Editorial, com revisões, modificações e acréscimos que o atualizam.*

Editora executiva: **Soraia Bini Cury**
Assistentes editoriais: **Bibiana Leme e Martha Lopes**
Capa: **Alberto Mateus**
Projeto gráfico **Alberto Mateus**
Diagramação: **Crayon Editorial**

Summus Editorial
Departamento editorial:
Rua Itapicuru, 613 – 7º andar
05006-000 – São Paulo – SP
Fone: (11) 3872-3322
Fax: (11) 3872-7476
http://www.summus.com.br
e-mail: summus@summus.com.br

Atendimento ao consumidor:
Summus Editorial
Fone: (11) 3865-9890

Vendas por atacado:
Fone: (11) 3873-8638
Fax: (11) 3873-7085
e-mail: vendas@summus.com.br
Impresso no Brasil

*Aos netos,
Gabriel, Fernanda, Rafaela e Carlos Eduardo,
habitantes do futuro.*

SUMÁRIO

PREFÁCIO 9
PREFÁCIO À EDIÇÃO PORTUGUESA, DE 1998 13
RAZÕES INTRODUTÓRIAS 19

1 • PERCURSOS
Correio Braziliense 32
Absolutismo e resistência 43
Liberdade que vem, que vai... 47
Dores da Independência 53
Pasquins e imprensa de qualidade 60
Liberdade e progresso 64
No Brasil, vocação empresarial 68
Matrizes diferentes 71
Censura salazarista 73
Truculência e autocensura 85
Jornais e revoluções 98

2 • FORMAS DISCURSIVAS
Objetivos e pressupostos 108
Periodização e amostra 112
Evidências 119
Novas formas de Relato 137

3 • EQUÍVOCOS
Origens 142

Ilusão da objetividade 145
Escola espanhola 149
Proposta brasileira 154
Revelações da práxis 159

4 • DISCURSO EM DOIS GÊNEROS

Conexões teóricas 166
Razões da cultura jornalística 174
Nova proposta 176

5 • VARIAÇÕES LUSÓFONAS
(estudos comparativos)

Projeto 184
Critérios 186
Comparações entre jornais 189
Comparações entre suplementos 198
Conteúdos não-jornalísticos 205
Explicações 208
    a) Sobre o tom argumentativo da reportagem portuguesa 208
    b) Sobre o colunismo no Brasil 211

6 • ALGUMAS IDÉIAS, EM FORMA DE POSFÁCIO 221

BIBLIOGRAFIA 233

PREFÁCIO

Gêneros discursivos no jornalismo impresso

É UMA GRATA TAREFA PREFACIAR a obra do professor Manuel Carlos Chaparro, desta vez, para publicação no Brasil. Grata tarefa primeiramente por remeter-me aos contatos na Escola de Comunicações e Artes da USP, onde estive várias vezes participando de bancas examinadoras na pós-graduação, ocasiões em que tive a oportunidade de acompanhar a seriedade e o rigor de seu trabalho acadêmico — quer na argüição, quer na orientação de pós-graduandos. Em segundo lugar, pela relevância de sua obra quanto à temática proposta para reflexão. Sua pesquisa trabalha comparativamente com dados coletados na imprensa escrita portuguesa e brasileira desde o seu surgimento, e, especificamente, a partir de 1945, cobrindo um largo período da história do jornalismo diário dos dois países.

A obra tem como eixo temático a reflexão em torno da problemática das formas discursivas praticadas pelo jornalismo impresso diário em Portugal e no Brasil. Propõe, portanto, reflexões de caráter conceitual sobre os gêneros jornalísticos alicerçados em dados empíricos coletados na imprensa escrita. Oferece, ainda, ao leitor procedimentos de pesquisa sobre como fazer jornalismo comparativo.

As reflexões teóricas sobre gêneros jornalísticos partem de um posicionamento crítico do autor em relação ao esquema tradicional que reconhece, de um lado, as subespécies balizadas pela Informação e, de outro, as balizadas pela Opinião. Essa polarização das formas discursivas em Informação/Opinião ou Relato/Comentário, de longa tradição na história do jornalismo, tem seu paralelo nos estudos da linguagem. Na lingüística moderna, é pioneiro o estudo de Émile Benveniste[1] sobre os pronomes e verbos no sistema gramatical francês como índices formais da subjetividade/objetividade, o que o leva a reconhecer duas classes de manifestações discursivas da linguagem: a) a enunciação histórica em que se apagam os índices formais de qualquer manifestação do sujeito e o efeito de sentido buscado com essa estratégia é a objetividade dos fatos que se apresentam como "se narrassem por si mesmos"; b) a enunciação discursiva em que índices formais da língua (de pessoa, de ostensão, de temporalidade, espacialidade...) de que o locutor se apropria e por meio dos quais enuncia sua posição e desvela sua subjetividade.

As pesquisas de Émile Benveniste serviram de inspiração para outros estudiosos como Harald Weinrich,[2] que trabalha os conceitos de mundo do Relato e mundo do Comentário aplicando-os em textos de língua francesa para mostrar que o sistema temporal dos verbos nessa língua, do ponto de vista discursivo, não serve só para indicar tempo cronológico, mas posicionamentos do enunciador ante o objeto de sua fala, caracterizando a situação comunicativa como Relato ou como Comentário. No contexto brasileiro, Ingedore Koch[3] trata também desses conceitos aplicando-os em textos de língua portuguesa.

Mas a linguagem em suas manifestações concretas, isto é, flagrada no uso que se faz dela, escapa, como diz apropriadamente o professor Manuel Carlos Chaparro, às classificações, às tipificações acadêmicas pela sua complexidade, heterogeneidade. Para além

---

[1] *Problemas de lingüística geral* (1966). Trad. M. G. Novak e L. Neri. São Paulo: Cia. Editora Nacional/Edusp, 1976, p. 247-84.
Problemas de lingüística geral II (1974). Trad. Eduardo Guimarães *et alii*. Campinas: Pontes Editores, p. 81-90.
[2] *Estructura y función de los tiempos en el lenguaje* (1964). Trad. F. Latorre. Madri: Gredos, 1968, p. 61-94.
[3] *Argumentação e linguagem*. São Paulo: Cortez, 1984, p. 37-48.

das polarizações, das dicotomizações, o que temos é uma variedade de formas discursivas em que a subjetividade do locutor se faz marcar de forma mais evidente ou de forma mais sutil, ou mesmo se apagando com vistas a construir um simulacro da objetividade.

Isso porque, como reconhece o professor Chaparro, toda linguagem é atravessada por índices de valoração, crenças, ideologia. Não há linguagem neutra, pois não há ideologia sem sujeito – e, por extensão, não há discurso sem uma perspectiva, um ponto de vista, um recorte do real assumido por um sujeito. O sujeito é um ser histórico, determinado pelas circunstâncias sociais, culturais, políticas do espaço e tempo em que vive.

Nesse sentido, o jornalismo é o tipo de discurso que retrata exemplarmente essa inserção histórica do enunciador no seu tempo e no seu espaço; como diz Chaparro, o jornalismo é "uma crônica da atualidade", o que faz de seu discurso "o discurso de sujeitos da atualidade".

Dessa forma, justificam-se teórico-metodologicamente os percursos da obra. A partir de um conceito de linguagem, entendida na sua heterogeneidade, opacidade e agenciada por um sujeito marcado pela historicidade, pelo sistema de crenças, pela ideologia do seu grupo social, o discurso do jornalismo situa-se para além das amarras de uma classificação de formas de dizer assentada simplesmente na dicotomia Relato × Comentário ou Informação × Opinião. Ao propor pensar a questão dos gêneros jornalísticos sob outra perspectiva – na vertente discursivo-pragmática, – o trabalho do professor Chaparro vem enriquecer as pesquisas sobre gêneros jornalísticos e abre horizontes para perceber, compreender e acolher as novas formas de dizer que emergem e continuarão a emergir para atender às novas necessidades expressivas impostas pelo desenvolvimento e dinamicidade da vida moderna. Sua pesquisa assinala, por exemplo, o surgimento e a expansão de espécies de gêneros utilitários ligados a uma lógica de mercado, de novas espécies publicitárias, de *releases* etc. como manifestações de um novo tempo com novas demandas; por outro lado, fatos como a presença dos resumos didáticos nas reportagens, o reconhecimento da coluna como um gênero híbrido na imprensa brasileira e a constatação do caráter mais argumentativo dos textos da imprensa portuguesa nos diferenciam e dão às práticas discursivas jornalísticas de cada país sua identidade, apesar da língua comum.

Esse trabalho de reconceitualização das formas de dizer jornalísticas desenvolve-se apoiado em dados empíricos retirados de jornais da grande imprensa portuguesa e brasileira. Num trabalho de fôlego, os dados são quantificados, comparados e interpretados. Faz-se uma espécie de estudo diacrônico dos gêneros jornalísticos ao mesmo tempo que se projetam, cronologicamente, os fatos marcantes que possibilitaram aqui e além-mar o surgimento da imprensa escrita e a evolução da linguagem jornalística, flagrando no movimento da história o comportamento dessa imprensa em momentos de abertura e também de fechamento político quando de frente com a censura.

É uma leitura recomendada tanto a especialistas quanto a estudantes de comunicação e leitores em geral. Embora se trate de uma pesquisa acadêmica com o rigor da coleta de dados na imprensa dos dois países, com os minuciosos levantamentos estatísticos e a discussão teórica sobre gêneros jornalísticos, há na obra uma preocupação didática que se expressa na linguagem clara, concisa, permitindo uma leitura que flui de forma agradável.

Helena Nagamine Brandão
Professora titular em Letras na Universidade de São Paulo

PREFÁCIO À EDIÇÃO PORTUGUESA, DE 1998

Um estudo pioneiro de jornalismo comparado

JORNALISMO COMPARADO É, forçosamente, viagem intercultural. No caso deste livro, destina-se a identificar "percursos e gêneros do jornalismo português e brasileiro". O roteiro do viajante – quase diria, do combatente – está inscrito na própria biografia de Manuel Carlos Chaparro, jornalista português e brasileiro, doutor em Ciências da Comunicação e professor de Jornalismo na Escola de Comunicações e Artes da Universidade de São Paulo.

A atividade jornalística de Carlos Chaparro começa em Portugal, na qualidade de editor do jornal *Juventude Operária*, intimamente ligado à militância na JOC, orientada – como ele próprio relata – para "a educação e mobilização dos jovens trabalhadores portugueses, numa perspectiva libertadora que se opunha à ditadura salazarista".

No jornalismo profissional, participa, no limiar dos anos 1960, na experiência marcante do *Diário Ilustrado*. Mais tarde, radica-se no Brasil. Trabalha, de início, na imprensa católica regional, sendo mais tarde repórter, editor e comentarista em jornais e revistas de grande circulação, entre os quais *Jornal do Commercio* (Recife), *Diário de Pernambuco, Jornal do Brasil* e *Folha de S.Paulo*, além das revistas *Visão* e *Mundo Econômico*.

A par da carreira profissional, segue um percurso acadêmico, tendo efetuado a licenciatura (1982), o mestrado (1987) e o doutorado (1993) em Jornalismo pela Escola de Comunicações e Artes da Universidade de São Paulo. Professor do curso de Jornalismo desde 1984, dedica-se, atualmente, em tempo integral, ao ensino e à pesquisa da atividade, na qualidade de professor associado da Universidade de São Paulo. Entre 1989 e 1991 foi presidente da Sociedade Brasileira de Estudos Interdisciplinares da Comunicação (Intercom), a principal sociedade científica brasileira na área da Comunicação Social.

Comecei pela biografia do autor porque o objeto de estudo que deu origem a este livro não é alheio a este percurso de vida disperso por Portugal e pelo Brasil. O tema do livro constitui opção assumida por alguém que sentiu na pele a distância e o alheamento – se abstrairmos do fenômeno midiático e unilateral da telenovela – entre dois países que tudo deveriam fazer convergir na promoção dos aspectos comuns da língua e da cultura.

"Mesmo que, por opção ou inércia, se ignorem ou se desprezem, os ambientes jornalísticos dos dois países têm entre si um vínculo vital de solidariedade: a língua portuguesa, que usam para existir e para atuar", escreve Carlos Chaparro. Este livro é sua contribuição para estabelecer, no campo específico do jornalismo, o elo entre os dois lados do Atlântico que o idioma comum deveria aproximar.

Mais do que reavivar a retórica oficiosa luso-brasileira, valem iniciativas e projetos concretos. O programa subjacente a este trabalho consiste, afinal, em combater a inércia e o distanciamento, por meio de projetos que nos permitam refletir em conjunto sobre as questões – tão semelhantes e tão diferentes – da área da Comunicação.

O jornalismo português e brasileiro, reconhece Manuel Carlos Chaparro, "desconhecem-se reciprocamente". Mas os anos 1990 foram, neste aspecto, tempo de mudança. Diversas iniciativas no plano profissional e acadêmico marcaram a abertura de novos caminhos. Os Congressos Internacionais de Jornalismo – realizados no Porto (1994), no Rio de Janeiro (1994) e em Lisboa (1997) – significaram avanços significativos no intercâmbio entre os profissionais dos dois países, enquanto no plano acadêmico se registraram diversas iniciativas de cooperação interuniversitária. Este livro é, também, um sinal de novos tempos no relacionamento entre a comunidade profissional e acadêmica de Portugal e do Brasil.

ノ

Manuel Carlos Chaparro compara as estruturas empresariais da imprensa brasileira e portuguesa: de um lado, o gigantismo das empresas jornalísticas brasileiras; de outro, a dimensão quase liliputiana do jornalismo escrito português.

Da análise efetuada resulta a preponderância dos critérios de mercado nos conteúdos do jornalismo brasileiro, enquanto no caso português a mediação profissional possui maior força: "No Brasil não existem conselhos de redação, nem estatutos editoriais, nem negociações sobre quem vai ser o próximo diretor. A lógica e as razões do mercado impõem-se ao jornalismo diário brasileiro, para lhe garantir sucesso".

Em Portugal, pelo contrário, o "pólo intelectual" e os critérios de avaliação internos – para recorrer à terminologia de Bourdieu – "tentam manter-se como razões hegemônicas, nas interações com as razões do negócio". Embora não desenvolva o tema, Carlos Chaparro entende que em Portugal a lógica do mercado tenderá igualmente a ganhar terreno, embora ressalve que "talvez um intercâmbio responsável entre o jornalismo brasileiro e o português pudesse ensinar a elaborar aperfeiçoamentos recíprocos".

A problemática dos "gêneros jornalísticos" está no centro desta investigação que prolonga trabalhos anteriores de Carlos Chaparro no domínio da "pragmática do jornalismo". O autor questiona os fundamentos teóricos da velha "convenção", de origem anglo-americana, que divide o jornalismo em gêneros de Informação e gêneros de Opinião – "espécie de matriz que há quase três séculos regula convicções conceituais que organizam e explicam o jornalismo".

Percorre e critica classificações de gêneros jornalísticos de diversos autores – em especial, espanhóis e brasileiros – para concluir que não é pertinente "explicar e entender a ação discursiva do jornalismo" na base dessa dicotomia tradicional, visto que "as fronteiras entre Opinião e Informação são destruídas pela inevitabilidade da valoração jornalística, por sua vez influenciada pela interferência interessada e legítima dos vários sujeitos do processo, tanto no relato quanto no comentário da atualidade".

Inspirando-se nos contributos de Teun van Dijk, o autor propõe o enquadramento dos gêneros jornalísticos em "esquemas narrativos" (o Relato dos acontecimentos) e "esquemas argumentativos" (o Comentário dos acontecimentos). Uma terceira categoria, denominada "esquemas práticos", engloba as informações de serviços (cotações da bolsa ou movimento de navios). Todas as demais "formas de expressão" seriam declinações dessas categorias fundamentais.

No entender do autor, esta separação entre tipos textuais não equivale ao binômio "Opinião × Informação". Opiniões e Informações estão presentes em todos os "gêneros jornalísticos". Além disso, questiona o acento normativo colocado nessa linha de fronteira, visto que "até a notícia dita objetiva, construída com informação 'pura', resulta de seleções e exclusões deliberadas, controladas pela competência jornalística de fazer escolhas por critérios de importância e valor – um exercício opinativo, portanto".

É a partir deste modelo conceitual que Carlos Chaparro parte para sua viagem em torno dos gêneros jornalísticos no jornalismo português e brasileiro. Do lado brasileiro, estudou a *Folha de S.Paulo, O Estado de S. Paulo, O Globo* e o *Jornal do Brasil*. Do lado português, o *Jornal de Notícias*, o *Público*, o *Diário de Notícias* e o *Correio da Manhã*.

Em seu percurso pelo jornalismo brasileiro, o autor detecta o surgimento de "espécies" que correspondem a "novos horizontes de expectativas" dos leitores e a "novos modelos de escrita" para os jornalistas. Ousa mesmo batizar de "reportagem especulativa" uma nova forma de expressão, que seria produto das interações políticas da democracia e da "circulação de informações em *off-the-record*". Neste caso, o repórter desvenda "jogos de bastidores da cena política sem a citação de fontes explícitas, o que dá ao texto tom e desenvolvimento especulativos, ou seja, sem o apoio de evidências sólidas, o que contraria a velha norma de, por causa da credibilidade, só se divulgar informação que possa ser comprovada e confirmada".

Das conclusões do estudo, ressalta a idéia de que "as formas discursivas da imprensa diária brasileira são mais diversificadas e mais numerosas do que as da imprensa diária portuguesa". As "espécies práticas" surgem igualmente em maior abundância no Brasil. Os jornais portugueses seriam mais "argumentativos" que os brasileiros, o que se concretizaria na forte presença de "artigos" e no "tom argumentativo da reportagem" – isto constitui "uma das diferenças mais interessantes do jornalismo diário português, em relação ao brasileiro". Menos ousado que o brasileiro, o jornalismo português "manifesta cuidados deontológicos mais rigorosos".

As análises e interpretações do autor, além de retomar a eterna querela dos "gêneros jornalísticos" – formas de expressão difusas e mutantes, que tendem sempre a escapar às "grelhas" do analista –, lançam o debate sobre as grandes opções do jornalismo em Portugal e no Brasil. Não cabe ao prefaciador abrir a discussão. Cumpre-lhe apenas alertar o leitor para a seriedade, o mérito e o pioneirismo do trabalho encetado por Manuel Carlos Chaparro, que marca uma linha de rumo e lança desafios à comunidade científica e jornalística d'aquém e d'além Atlântico.

Mário Mesquita

RAZÕES INTRODUTÓRIAS

A DECISÃO DE COMPARAR as formas discursivas da imprensa diária de Portugal e do Brasil, estudo que resultou neste livro, tinha uma razão acadêmica, primordial: a de realizar estudos, ancorados nas ciências da linguagem, para propor uma nova discussão sobre a teoria dos gêneros jornalísticos, tendo em vista a superação do falso paradigma que divide o jornalismo em Opinião e Informação.

A discussão tem raízes de três séculos. E os percursos do tempo nos remetem a 1702, ano de nascimento do jornal inglês *The Daily Courant*, cuja história haveremos de contar mais adiante. Mas desde já se deve dizer que o *Courant* tem espaço relevante na história da imprensa mundial não apenas por ter sido o primeiro diário de natureza política do planeta, mas, também, por causa da inovação de linguagem criada por Samuel Buckley, seu diretor. Mesmo sem tal intenção, Buckley introduziu no jornalismo o conceito da objetividade, tornando-se o primeiro jornalista a preocupar-se com o relato preciso dos fatos. Decidiu que as notícias deviam ser tratadas como notícias, sem comentários.

Para que assim fosse, Buckley criou uma estratégia e um estilo que influenciariam todo o jornalismo mundial: separou as notícias dos artigos – *news* de um lado, preponderantes; *comments* de outro, para não "contaminar" as informações, porque "os leitores são capazes de refletir por eles próprios" (Tengarrinha, 1989, p. 215).

O *Daily Courant* pode não ter conseguido o sucesso pretendido por Buckley. Naquela época, o artigo predominava nas formas do texto jornalístico. E assim permaneceu até meados do século XIX, quando, depois da invenção do telégrafo e com o início de sua utilização pelas agências noticiosas, a notícia surgiu e cresceu em seu formato moderno, como forma de relato dos fatos. Deve-se, porém, reconhecer e valorizar a contribuição dada por Buckley e por seu jornal à evolução do jornalismo – não por causa da impossível separação entre Opinião e Informação, mas devido à eficácia resultante do rigor dos conteúdos e da clareza pedagógica que acontece na organização de textos e espaços, quando se separam os artigos (Comentários) das notícias (Relatos).

O que Samuel Buckley propôs e fez não foi separar a Informação da Opinião. Ele fez, sim, a separação dos dois grandes esquemas que organizam e expressam o discurso jornalístico: o esquema da argumentação, eficaz para os Comentários; e o esquema da narração, eficaz para o Relato noticioso dos fatos da atualidade. Ambos nutridos por Informações e Opiniões – inclusive as opiniões subjetivas dos jornalistas narradores que, por dever do ofício e da arte de narrar, têm de escolher, decidir e pôr em evidência os fatos mais importantes.

E disso trata primordialmente o livro.

Mas, para o projeto de pesquisar e comparar as classes de texto que expressam o discurso na imprensa diária de Portugal e do Brasil, o estímulo decisivo veio da convicção de que a Comunidade dos Países de Língua Portuguesa, em construção, pode e precisa ser beneficiada por contribuições de natureza acadêmica.

Mesmo que, por opção ou inércia, se ignorem ou se desprezem, os ambientes jornalísticos dos dois países têm entre si um vínculo vital de solidariedade: a língua portuguesa, que usam para existir e atuar. Logo, são mais do que sistemas particulares de informação da atualidade, pois a língua comum constitui o ma-

Sotaques d'aquém e d'além mar

crossistema cultural que os integra. E, se assim é, as particularidades produzidas pela história e pela vida nas respectivas realidades hão de manifestar-se em semelhanças e diferenças, divergências e convergências, aproximações e distanciamentos que aos dois lados interessa conhecer.

Mais de 200 milhões de pessoas falam a língua portuguesa, formando uma comunidade de oito países. O português é a sétima língua mais falada no mundo, terceira no Ocidente, depois do inglês e do espanhol. Está na Europa, nas Américas, na África, na Ásia, continentes onde se localizam os países que integram a comunidade lingüística. Também é falado, com significação cultural, em países como os Estados Unidos, o Canadá, a Inglaterra, o Japão, a Alemanha, a França, a África do Sul, a Venezuela e vários outros, especialmente na Europa e na América Latina, aonde a língua portuguesa foi levada pelos fluxos migratórios de povos que a têm como idioma, especialmente portugueses e brasileiros. E onde vivem, a usam, conservam e irradiam, na intimidade familiar e nas malhas sociais que dão identidade e vida cultural às colônias imigrantes.

Com a língua, espalhou-se pelo mundo a matriz cultural cunhada pela saga quinhentista dos navegadores portugueses. Depois, a história e o tempo produziram civilizações particulares. Mas, ao preservarem a língua portuguesa, essas civilizações particulares conservaram o traço fundamental da origem comum. E isso as une.

꙳

Ocorreu no Brasil, em 1989, o evento que talvez possa ser considerado a ação geradora da Comunidade dos Países de Língua Portuguesa. Por iniciativa do então presidente José Sarney, realizou-se em São Luís, no Maranhão, a primeira cimeira dos chefes de Estado e de governo do Brasil, de Portugal e dos países africanos de língua oficial portuguesa. No encontro foi aprovado o ato constitutivo do Instituto Internacional da Língua Portuguesa,[1] com os seguintes objetivos:

a) defender a língua portuguesa, no pressuposto de que se trata de patrimônio comum dos países e povos que a utilizam como língua nacional ou oficial;
b) fomentar o enriquecimento e a difusão do idioma como veículo de cultura, educação, informação e de acesso ao conhecimento científico e tecnológico;
c) promover o desenvolvimento das relações culturais entre todos os países e povos que utilizam o português;
d) encorajar a cooperação, a pesquisa e o intercâmbio de especialistas nos campos da língua e da cultura;
e) preservar e difundir o Acordo Ortográfico já assinado pelos sete países (Brasil, Portugal, Angola, Cabo Verde, Guiné-Bissau, Moçambique e São Tomé e Príncipe) e em curso de ratificação.

A aproximação oficial dos países de língua portuguesa, lembra um documento editado pela Embaixada do Brasil em Portugal,[2] dava-se no momento histórico em que, superadas as divisões produzidas pela lógica da Guerra Fria, novas configurações internacionais surgiam, num quadro de "crise global de transição", balizada pelos valores da democracia. A solidariedade e os

---

1 O Instituto Internacional de Língua Portuguesa continua a existir e tem sede rotativa. Atualmente, está sob a presidência de Angola – mas com sede em Praia, capital de Cabo Verde.
2 "A comunidade dos países de língua portuguesa", Lisboa, Embaixada do Brasil, 1994.

Sotaques d'aquém e d'além mar

compromissos entre países passaram a ser determinados pelos interesses comuns e pelas razões geográficas ou culturais de aproximação, facilitadoras da definição e da aceitação de objetivos afins. Novas coligações adquiriam visibilidade como "entes internacionais", entre elas a União Européia, o Mercosul e a Comunidade para o Desenvolvimento dos Países da África Austral, em relação às quais a Comunidade dos Países de Língua Portuguesa (CPLP) representaria um espaço de interseção.

A proposta de criação da CPLP surgiu pouco depois da entrada em vigor da União Européia, ocorrida a 1º de janeiro de 1993. Nesse mês, José Aparecido de Oliveira foi designado embaixador do Brasil em Lisboa. Em março, ele encaminhou ao presidente Itamar Franco a proposta de criação da CPLP. O presidente brasileiro acolheu a idéia e submeteu a proposta, por carta, aos presidentes dos outros seis países da comunidade lingüística. Todos apoiaram a iniciativa e assumiram compromissos para viabilizá-la.

Com a participação de delegações representativas dos sete países, houve um período de reflexão construtora, com a realização de cinco mesas-redondas – Rio de Janeiro (outubro de 1993), Lisboa (dezembro de 1993), Luanda (janeiro de 1994), Praia (junho de 1994) e Brasília (outubro de 1994). Entretanto, no plano diplomático, os entendimentos formalizaram-se na reunião de ministros das Relações Exteriores e dos Negócios Estrangeiros, em fevereiro de 1994, da qual resultou a formação de um Grupo de Concertação Permanente, com base em Lisboa. Formado pelos embaixadores dos seis países da comunidade então acreditados com o governo português e por um representante do Ministério dos Negócios Estrangeiros de Portugal, esse grupo preparou toda a documentação fundadora da CPLP.

A Comunidade dos Países de Língua Portuguesa foi oficialmente criada durante a cimeira de chefes de Estado e de governo realizada em Lisboa, no dia 17 de julho de 1996. A declaração fundadora, assinada pelos sete presidentes da República, define a CPLP em torno de dezessete objetivos, que, ao tornarem-se compromissos nacionais, deveriam significar rumos de opções e ações também para o jornalismo. Eis alguns deles:

- contribuir para o reforço dos laços humanos, da solidariedade e da fraternidade entre todos os povos que têm a língua portuguesa como um dos fundamentos de sua identidade específica [...];
- incentivar a difusão e o enriquecimento da língua portuguesa [...];
- incrementar o intercâmbio cultural e a difusão da criação intelectual e artística, no espaço da língua portuguesa;
- estimular o desenvolvimento da cooperação interparlamentar;
- desenvolver a cooperação econômica e empresarial;
- incentivar a cooperação [...] para a proteção e a preservação do meio ambiente nos países-membros, com vistas à promoção do desenvolvimento sustentável;
- promover medidas [...] para a total erradicação do racismo, da discriminação racial e da xenofobia;
- promover e incentivar medidas que visem à melhoria efetiva das condições de vida da criança e seu desenvolvimento harmonioso;
- promover a implementação de projetos de cooperação para reforçar a condição social da mulher;
- incentivar e promover o intercâmbio de jovens, [...] principalmente no âmbito do ensino, da cultura e do esporte;

- dinamizar e aprofundar a cooperação no domínio universitário, incluindo a formação profissional e a investigação científica e tecnológica, "com vistas a uma crescente valorização dos recursos humanos".

Deveria estar no cenário da imprensa uma face cultural das mais significativas da CPLP. A realidade do mundo da língua portuguesa, com tudo que tem e acontece, e tudo que lhe falta e deixa de acontecer, está, ou deveria estar, no relato e no comentário jornalístico de cada país. Porém, o tratamento jornalístico meramente local das problemáticas e temáticas nacionais, mesmo que tenha qualidade, não é suficiente para os objetivos da comunidade nem contribui para construí-la. É indispensável que haja circuitos e fluxos interativos, de trocas, intercâmbios, complementações, para a elaboração de contextos comuns. Mas só se alcançará esse estágio se em cada parcela nacional do jornalismo de língua portuguesa houver atitudes ostensivas de busca, apreensão, compreensão e difusão da atualidade e da universalidade dos povos de língua portuguesa. E sobre o jornalismo de Portugal e o do Brasil recaem responsabilidades particulares, maiores, exatamente, por serem os que mais poderiam fazer.

A indiferença que ambos, em especial por parte do jornalismo do Brasil, cultivam em relação à realidade da comunidade lingüística, da qual participam, começa por seu distanciamento. O jornalismo brasileiro e o jornalismo português desconhecem-se reciprocamente. Não há, jamais existiram, relações significativas entre eles, nem profissionais nem acadêmicas. Na perspectiva histórica, os movimentos de definição, nos dois principais pólos do jornalismo lusófono, resultaram de afastamentos culturais – Portugal atraído pela irreversibilidade dos horizontes europeus; o Brasil, pelo brilho do sucesso e das doutrinas americanas.

A exceção, indicadora de novas possibilidades de intercâmbio, deu-se na realização dos Congressos Internacionais do Jornalismo de Língua Portuguesa. O primeiro congresso aconteceu na cidade do Porto, em 1992, promovido pelo *Jornal de Notícias* e pelo Ateneu do Porto. Em 1994 realizou-se o segundo congresso, desta vez no Rio de Janeiro, organizado pela revista *Imprensa*. Em 1997, Lisboa foi sede do terceiro congresso, sob a responsabilidade do Observatório da Imprensa, de Portugal.

Abertos a jornalistas, empresários, professores e pesquisadores, os congressos tiveram, em média, 250 participantes, com delegações de todos os países da comunidade lingüística, mais numerosas as de Portugal e Brasil. Mas houve participação significativa de jornalistas dos países africanos de língua portuguesa, especialmente nos congressos do Rio de Janeiro e Lisboa.

Não existem memórias escritas desses congressos. Nos realizados no Rio de Janeiro e em Lisboa, entretanto, as representações sindicais presentes divulgaram declarações com idéias e propostas em torno das quais foi possível chegar a convergências.

A "Declaração de Lisboa", por exemplo, propunha a criação de um Comitê de Jornalistas de Língua Portuguesa de Solidariedade ao Povo de Timor-Leste; a criação de um programa de rádio e uma página na internet com informações das entidades sindicais dos jornalistas dos sete países; a implementação de programas e projetos de formação profissional, qualificação e reciclagem, com estratégias de cooperação entre as sete entidades sindicais; a realização de um encontro específico das entidades sindicais dos sete países, com apoio de entidades internacionais; e a concretização de iniciativas de parceria e cooperação entre sindicatos e universidades, em especial com os cursos de Jornalismo.

Entre os dois últimos congressos, surgiram duas iniciativas, as únicas conhecidas, motivadas por objetivos de integração dos povos de língua portuguesa e de cooperação entre eles. Ambas se devem à vocação pioneira da Oboré Projetos Especiais e ao idealismo teimoso do seu diretor, o jornalista Sérgio Gomes.[3]

Primeira iniciativa: ao ser inaugurada, no dia 25 de janeiro de 1995, pouco depois do congresso do Rio de Janeiro, a sede da empresa já reservava um espaço físico, equipado com computadores, telefone, fax e acesso à internet para a criação de um Centro de Imprensa dos Países de Língua Portuguesa, de atendimento e apoio a jornalistas de outros países da comunidade lusófona, quando estivessem em São Paulo.

Segunda iniciativa: também no congresso do Rio de Janeiro, Sérgio Gomes lançou a idéia do "Projeto Enlace", para realizações de intercâmbio cultural, e assumiu o compromisso de lhe dar vida. O primeiro produto dessa idéia, lançado no congresso de Lisboa, foi o CD "O Mar", de ótima qualidade na opinião da crítica, com músicas e artistas dos oito povos da língua portuguesa, Timor-Leste incluído.

Na fusão das duas idéias, o Centro de Imprensa integrou-se e passou a dar face material e simbólica ao "Projeto Enlace", persistindo no tempo e no espaço da Oboré.

3 O nome "Oboré" (o + boré) incorpora o simbolismo do boré, corneta usada pelas tribos tupis para chamar, em situações de perigo, os índios dispersos. Em fevereiro de 1978, quando a sociedade civil brasileira tornava mais densa a luta organizada pela redemocratização, alguns jornalistas e artistas, incentivados e coordenados por Sérgio Gomes, reuniram-se na criação da empresa Oboré Editorial, para atuar na comunicação popular e democrática, tendo como principal campo de ação o jornalismo sindical. Em janeiro de 1995, também por iniciativa de Sérgio Gomes, deu-se um desdobramento do projeto e começou a existir a Oboré Projetos Especiais.

No plano acadêmico, um prelúdio aconteceu: em 1997, nos dias 18 e 19 de abril, realizou-se em Lisboa o I Encontro Lusófono de Ciências da Comunicação, iniciativa conjunta da – Sociedade Brasileira de Estudos Interdisciplinares da Comunicação (Intercom) e da Universidade Lusófona, instituição portuguesa. Foram apresentadas 45 comunicações, 35 das quais por pesquisadores brasileiros. Entre as comunicações brasileiras, quatro tratavam de jornalismo, duas delas sobre temas que, de alguma forma, envolviam perspectivas ou preocupações lusófonas.[4]

Quanto a estudos metodologicamente controlados sobre o jornalismo brasileiro em Portugal, ou sobre o jornalismo português no Brasil, ou sobre ambos, se existem, não foram divulgados.

Com duas exceções:

1) O livro de João Alves das Neves,[5] sobre a história da imprensa de língua portuguesa no mundo, tem o mérito de reunir e organizar registros históricos disponíveis. É uma contribuição importante, mas não ultrapassa esses limites.

2) Um trabalho da professora brasileira Benalva da Silva Vitório, da Universidade Católica de Santos, sobre a maneira como a imprensa portuguesa noticia as coisas do Brasil.[6]

É pouco.

J

---

4 Desde 1997, os Encontros Lusófonos de Ciências da Comunicação realizam-se regularmente de dois em dois anos, em rodízio entre os países que têm associações nacionais de pesquisadores na área de Ciências da Comunicação.
5 João Alves das Neves, *História breve da imprensa de língua portuguesa no mundo*. Lisboa: Direção Geral de Comunicação Social, 1989.
6 Benalva da Silva Vitório, *A imagem do Brasil na imprensa portuguesa*. Lisboa: Universidade Técnica de Lisboa, 1974.

Investigar comparativamente as formas discursivas do jornalismo diário do Brasil e de Portugal pode não ser a melhor maneira de motivar aproximações e interações. Mas, como as formas do discurso carregam e expõem elementos de identidade, torna-se possível, estudando-as e comparando-as, produzir revelações significativas, como, por exemplo, a de que a reportagem do atual jornalismo diário português de referência diferencia-se da reportagem brasileira pelo acentuado tom argumentativo que assume, ao relatar acontecimentos.

Depois de concluída a pesquisa comparativa, algumas conclusões ficaram evidentes – como a do viés argumentativo do relato jornalístico na imprensa portuguesa. Ao produzir a evidência, produziu-se, também, a perplexidade: para que serve uma revelação dessas se a ela não puderem ser atribuídos significados? Por que existe esse tom argumentativo? Que tradição ou inovação está atrás dele? – e a cadeia de perguntas continuou, em busca de respostas para as quais a pesquisa empírica nem hipóteses permitia formular.

Havia, portanto, de procurar as respostas onde elas pudessem estar. Na história, provavelmente. Porque só a história guarda e preserva, além dos fatos, o conhecimento sobre eles, ou seja, os saberes organizados que explicam a evolução das coisas ao longo do tempo. Era preciso encontrar aquilo que os historiadores chamam de **historial** – "o conjunto dos fatos acontecidos, que têm ou tiveram certa significação ou influência sobre uma coletividade humana", na definição de Mário Ferreira dos Santos (1963, p. 714).

Talvez não tenhamos chegado às elucidações que nos faltavam para a atribuição de significados aos contrastes, às contradições, às diferenças e às semelhanças que afastam ou aproximam a imprensa diária dos dois países irmãos, no que se refere aos gêneros jornalísticos ou, como prefiro dizer, às formas discursivas predominantes. Mas, como a história sempre ajuda a elaboração de explicações, comecemos por ela.

O autor

1
PERCURSOS

*A história é êmula do tempo,
depósito de ações,
testemunha do passado,
aviso do presente,
advertência do porvir.*

CERVANTES

Correio Braziliense

APESAR DAS RESERVAS OFERECIDAS por Nelson Werneck Sodré (1966, p. 24), a história atribui ao *Correio Braziliense* o título de primeiro jornal brasileiro.[1] Lançado em 1º de junho de 1808 por Hipólito José da Costa, que o escrevia e imprimia em Londres, o jornal tinha natureza enciclopedista, e por isso se denominava também de *Armazém Literário*.

José Tengarrinha (1989, p. 48-51) coloca-o no elenco dos periódicos criados ou distribuídos em Portugal sob a influência da corrente criada por Diderot e d'Alembert, que se propunha vulgarizar a ciência e o conhecimento. O sonho iluminista de promover o homem a centro do universo contagiava também o *Correio*. Além de enciclopedista, era um jornal politicamente liberal. Segundo Tengarrinha (*ibid.*, p. 84-6), Hipólito fazia o mais importante dos dez jornais portugueses com tendências liberais impressos em Londres naquele período, os outros nove surgidos depois de 1810, quando as restrições políticas se tornaram mais rigorosas no reino português.[2]

O *Correio Braziliense*, jornal de conceitos e perspectivas políticas, circulava também em Portugal – onde, aliás, enquanto existiu e pôde ser distribuído, provavelmente provocou mais incômodos do que no Rio de Janeiro.

Em 1808, quando Hipólito colocou na rua o número de estréia de seu jornal, Portugal vivia em pleno rescaldo da primeira invasão francesa. No Rio de Janeiro, o príncipe regente D. João – que só se-

---

1 Sodré entende que o *Correio Braziliense* tratava dos problemas brasileiros "muito mais segundo as condições internacionais do que nacionais".
2 A repressão do governo de Lisboa às idéias liberais produziu uma emigração política, especialmente para a Inglaterra, onde Hipólito José da Costa também estava, provavelmente desde 1805, depois de fugir da prisão. Fora preso e condenado em Lisboa, em julho de 1802, por ser maçom.

Sotaques d'aquém e d'além mar

ria rei em 1816, quando a rainha Maria I morreu – criava condições para um surto de progresso que mudaria o Brasil. Em Portugal, entretanto, depois da retomada do país aos franceses, iniciava-se uma fase de violento ajuste de contas, tendo por alvo os que haviam colaborado com os invasores. O governo de Lisboa, formado por uma junta de governadores, favorecia as perseguições, garantindo anonimato aos denunciantes. "O patriotismo confundiu-se, então, com o antiliberalismo", escreve Saraiva (1981, p. 266-70). "Por muito tempo, a idéia de patriotismo andou enleada na de tradicionalismo e as tendências progressistas foram suspeitas de antinacionais." Além disso, ainda de acordo com o relato de Saraiva, a transferência dos órgãos centrais para o Rio de Janeiro criara em Portugal um vazio ocupado "por uma forte organização militar que funcionava como verdadeiro instrumento de submissão política do país".

Com D. João, "cerca de 10 a 15 mil pessoas embarcaram [...] rumo ao Brasil, sob a proteção da frota inglesa", narra Boris Fausto (1994, p. 121). "Todo um aparelho burocrático" se instalou com o príncipe regente na colônia: "ministros, conselheiros, juízes da Corte Suprema, funcionários do tesouro, patentes do exército e da marinha, membros do alto clero" – gente que Hipólito certamente conhecia. Segundo Mecenas Dourado (1957, p. 81-2), que Nelson Werneck Sodré considera o melhor biógrafo do fundador do *Correio Braziliense*, Hipólito fizera parte da junta administrativa, econômica e literária que em 1801 passara a dirigir a Imprensa Régia, em Lisboa. E como diretor literário da Imprensa Régia em março ou abril de 1802 viajou a Londres, "para adquirir livros, máquinas e outros materiais". Era, portanto, um intelectual que freqüentava o poder, em Lisboa, antes de ser preso pela Inquisição.

No Brasil, depois da chegada da família real, o reino era o mesmo, mas o clima, diferente. A abertura dos portos; a liberdade

33

de importação; o incentivo à instalação de fábricas; a criação da Casa da Moeda, do Banco do Brasil, de companhias de seguros, de estaleiros navais; o surgimento dos primeiros estabelecimentos de ensino superior – tudo contribuía para um quadro de progresso e euforia. E pode-se imaginar, por outros indícios que a biografia de Hipólito contém ou sugere, que D. João, antes e depois de ser rei, até gostava das críticas que o jornal fazia a seus ministros.

De qualquer forma, temos aí, na circulação transatlântica do *Correio Braziliense*, uma tangência política e intelectual com o jornalismo português, na origem do jornalismo brasileiro.

Há uma segunda tangência. A *Gazeta do Rio de Janeiro*, lançada à rua em 10 de setembro de 1808, foi o primeiro jornal impresso no Brasil, na Impressão Régia, onde estava a única máquina impressora trazida pelo príncipe regente, quando em 1807 se mudou para o Brasil, fugindo à invasão francesa comandada pelo general Junot. Periódico de caráter oficial, apenas noticiava o que interessava à Corte. Reproduzia, inclusive, conteúdos da *Gazeta de Lisboa*, jornal bajulador, que até aos franceses aderiu durante a primeira invasão, publicando "notícias muito tendenciosas para mostrar a tranqüilidade pública, os benefícios que Napoleão trazia a Portugal e quanto os portugueses o apoiavam" (Tengarrinha, 1989, p. 65).

A *Gazeta do Rio de Janeiro* sobreviveu com esse nome até 1822, quando passou a chamar-se *Gazeta do Rio*. No ano seguinte, tornou-se *Diário do Governo do Brasil* e passou à história como jornal precursor da imprensa oficial brasileira. O mesmo aconteceria em Portugal com a *Gazeta de Lisboa*, da qual o atual *Diário da República* é descendente direto.

Em seu primeiro número, o *Correio Braziliense* divulgava o programa do projeto, no qual transpareciam os ideais humanistas de Hipólito da Costa: "O primeiro dever do homem em sociedade é de ser útil aos membros dela", proclamava o ideário.

E cada um deve, segundo suas forças físicas ou morais, administrar, em benefício da mesma, os conhecimentos ou talentos que a natureza, a arte ou a educação lhe prestou. O indivíduo que abrange o bem geral de uma sociedade vem a ser o membro mais distinto dela; as luzes que ele espalha tiram das trevas ou da ilusão aqueles que a ignorância precipitou no labirinto da apatia, da inépcia e do engano. Ninguém mais útil, pois, do que aquele que se destina a mostrar, com evidência, os conhecimentos do presente e desenvolver as sombras do futuro. Tal tem sido o trabalho dos redatores das folhas públicas quando estes, munidos de sua crítica sã e de uma censura adequada, representam os fatos de momento, as reflexões sobre o passado e as sólidas conjecturas sobre o futuro.

Na segunda parte do texto, Hipólito José da Costa manifesta o compromisso patriótico de seu projeto:

Levado destes sentimentos de patriotismo, e desejando aclarar os meus compatriotas sobre os fatos políticos e literários da Europa, empreendi este projeto, o qual espero mereça geral aceitação daqueles a quem o dedico. [...] Quero, além disso, traçar as melhorias das ciências, das artes e, numa palavra, de tudo aquilo que pode ser útil à sociedade em geral. Feliz eu se posso transmitir a uma nação longínqua e sossegada, na língua que lhe é mais natural e conhecida, os conhecimentos desta parte do mundo que a confusa ambição dos homens vai levando ao estado da mais perfeita barbaridade.

A "nação longínqua e sossegada", supõe-se, só poderia ser o Brasil, onde estavam os portugueses imigrantes ou em missão. E os compatriotas a quem Hipólito pretendia transmitir os conhecimentos de outra parte do mundo seriam, preferencialmente, os descendentes nascidos no Brasil, ele próprio um deles.

Hipólito José da Costa Pereira Furtado de Mendonça nasceu na Colônia Sacramento – hoje Uruguai, então pertencente ao Brasil – em 25 de março de 1774, filho do alferes Félix da Costa Furtado de Mendonça, que servia às tropas reais, e de Ana Josefa Pereira, ambos nascidos no Brasil, ele natural de Nossa Senhora de Nazaré de Saquarema, no Rio de Janeiro; ela, da própria Colônia de Sacramento.

O "objetivo Brasil" que inspirou o *Correio* manifesta-se mais claramente no texto em que, na última edição do jornal (nº 175, de dezembro de 1822), Hipólito da Costa explicava a decisão de parar com o *Correio Braziliense*:

> Este periódico, destinado sempre a tratar como objeto primário os negócios relativos ao Brasil, tem há alguns meses sido quase exclusivamente ocupado com os sucessos daquele país; e os acontecimentos últimos do Brasil fazem desnecessário ao redator o encarregar-se da tarefa de recolher novidades estrangeiras para aquele país, quando a liberdade de imprensa nele, e as muitas gazetas que se publicam em suas principais cidades, escusam este trabalho dantes tão necessário.

No parágrafo seguinte escrevia, mesmo, que o escopo do jornal era "unicamente o Brasil" (Rizzini, 1957, p. 310-1).

Hipólito foi jovem para Portugal. Em outubro de 1792, com apenas 18 anos, matriculou-se na Faculdade de Matemática e na

Faculdade de Filosofia da Universidade de Coimbra. Um ano depois, foi admitido no primeiro ano da Faculdade de Direito, de lá saindo advogado, em 1797, quando já era bacharel em Filosofia, curso concluído em 1796.

No curso de Filosofia, devido a uma reforma de currículo acontecida um ano antes do ingresso de Hipólito, ele teve aulas de botânica, agricultura, zoologia, mineralogia, física, química e metalurgia, adquirindo, assim, uma formação científica e intelectual que deve explicar o prêmio que lhe foi atribuído pela rainha D. Maria: uma viagem de observação e estudo da agricultura aos Estados Unidos (Dourado, 1957, p. 32-4).

Depois de regressar dos Estados Unidos, Hipólito começou a freqüentar as Cortes como pessoa ilustre. Tornou-se diretor da Imprensa Régia, a serviço da qual foi a Londres, no início de 1802, em missão oficial, "para comprar livros para a Biblioteca Pública e máquinas e objetos para a Imprensa Régia", segundo Rizzini (1957, p. 7). Mas, também de acordo com Rizzini, Hipólito aproveitou a viagem para tratar de "negócios particulares" – e tais negócios eram ligados à maçonaria, à qual se filiara, acredita-se que em Filadélfia, durante a viagem aos Estados Unidos.

Na volta de Londres, Hipólito foi preso – "Havia três ou quatro dias que eu tinha desembarcado em Lisboa", registrou ele[3] –, sendo condenado pela Inquisição. A fuga, espetacular, ocorreu provavelmente em agosto de 1805 e levou-o de volta a Londres, onde três anos depois começaria a editar o *Correio Braziliense*.

De Lisboa, o *Correio Braziliense* e seu redator sempre receberam combate.

---

3 O livro *Narrativa da perseguição de Hippolyto Joseph da Costa Pereira Furtado de Mendonça*, escrito por ele próprio, serviu de fonte a Rizzini e a Dourado.

Em 1811, pela ordem régia de 17 de setembro, o jornal foi proibido de entrar e circular em Portugal, e com isso passou a ter o encanto da clandestinidade, pois continuava a chegar a Portugal e a ser lido – "até no Paço, sem rebuço algum", escreveu Hipólito no *Correio*. Mas, em 1817, um golpe feriu gravemente o periódico: o governo português conseguiu que a Inglaterra proibisse os consignatários dos navios de levar o jornal para Lisboa.

Se com Lisboa a relação foi de confronto contínuo, com o Rio de Janeiro não há registros de desavenças significativas. Talvez as idéias e posições difundidas ao longo das 175 edições do jornal possam explicar a harmonia com o lado brasileiro do reino. A defesa da monarquia constitucional, por exemplo, prioritária no ideário do *Correio*, endereçava-se mais a Lisboa do que ao Rio de Janeiro, pois era de Portugal que as revoluções liberais se aproximavam.[4]

Hipólito acreditava que as revoluções deviam caber aos governos e por isso reprovou a revolução republicana de Pernambuco – convicção e posição que certamente nenhum aborrecimento causaram às Cortes do Rio. Além disso, o redator do *Correio Braziliense* só aderiu ao movimento da independência em julho de 1822. Antes, opunha-se à separação do Brasil, em favor da unidade da pátria portuguesa. Mesmo o apoio que manifestou à revolução liberal do Porto (1820) não significava oposição ao Reino do Brasil,[5] pois o que determinava o discurso constitucionalista do *Correio* eram os confrontos ideológicos na Europa.

---

4 O conceito de monarquia constitucional opunha-se ao de monarquia absoluta. No absolutismo, o poder do rei, considerado de origem divina, sobrepunha-se a tudo e a todos. Na monarquia constitucional, o poder era controlado pela Constituição, em que se estabelecia que a soberania pertencia à nação, não ao rei. E a nação declarava a sua vontade coletiva por meio de leis elaboradas por um Legislativo eleito.
5 Depois de D. João VI e suas Cortes se instalarem no Rio de Janeiro, o Brasil deixou de ter comportamento e função de colônia, o que simbolicamente seria reconhecido em 1815, quando recebeu a designação de reino.

Pergunta essencial: quem financiava Hipólito José da Costa? Tengarrinha (1989, p. 90-1), com números de Rizzini, detalha contas e conclui: para manter o projeto, que custava 1.212 libras anuais, Hipólito precisaria de 600 assinaturas regulares, "número excessivamente elevado". Depois de avaliadas e descartadas outras alternativas sobre quem subsidiava o *Correio Braziliense*, para o historiador português "só resta admitir que seu principal suporte tenha sido o próprio governo britânico, interessado no desenvolvimento das potencialidades que se lhe abriam com o contestado tratado de comércio firmado em 1810 com Portugal". Além disso, no entendimento de Tengarrinha, a maçonaria protegia Hipólito da Costa, e por isso ele pôde permanecer na Inglaterra, apesar das continuadas pressões diplomáticas de Lisboa para que de lá fosse expulso.

Persistem, entretanto, dúvidas para as quais a bibliografia contribui. E a principal delas está, exatamente, no tipo de relacionamento que o jornalista mantinha com as Cortes do Rio de Janeiro.

As versões são contraditórias.

Segundo Rizzini (1957, p. 32-6), o governo do Rio de Janeiro chegou a fazer uma proposta para a compra secreta de 500 exemplares de cada edição, exigindo, como contrapartida, silêncio sobre temas e fatos incômodos, e divulgação para o que "pudesse ser útil ao aumento da agricultura, indústria e comércio do Reino e do Brasil". Mas o autor presume que o acordo não se tenha consumado, porque seu negociador, o conde do Funchal, embaixador de Portugal em Londres, logo em seguida patrocinou o lançamento do jornal *Investigador Português em Inglaterra*, subvencionado pela Corte do Rio com 14 mil cruzados por edição, para "contrariar a influência do *Correio Braziliense*".

Dourado (1957, p. 187-8) vai mais fundo na investigação dessa história de subvenções escondidas ao *Correio Braziliense* e fala de Heliodoro Jacinto de Araújo Carneiro Alvelos, formado em Medicina, amigo de Hipólito, provavelmente seu contemporâneo em Coimbra.

Heliodoro prestou serviços de ordem material ao amigo, principalmente para conseguir assinaturas e ajuda financeira para o jornal. Com suas andanças de comissário, naturalmente interessado, foi quem mais concorreu para seduzir e ajudar Hipólito a negociar, se não as convicções, pelo menos as conveniências materiais do jornal, para receber "favores pecuniários" de D. João. De qualquer maneira, era ele, Heliodoro, o intermediário, "correspondendo-se em nome de Hipólito com os que podiam fazer aqueles favores pecuniários e outros" (Dourado, *ibid.*, p. 405).

Pode-se pensar, então, que D. João, apesar de respeitado por Hipólito (o rei nunca foi atacado ou desrespeitado pelo jornalista), preferiu não arriscar e fechou um acordo com o editor do *Correio Braziliense*. Dourado revela que Heliodoro, em visita ao Brasil em 1812, acertou com D. João uma subvenção de mil libras por ano "para amaciar seu jornal". Segundo o biógrafo de Hipólito, o dinheiro saía dos cofres do Tesouro Real, passava pela polícia do Rio, mais exatamente pelas mãos de seu intendente, Paulo Fernandes Viana, fazia uma escala no Maranhão e era pago a Hipólito pelos administradores da Real Fazenda, em Londres. Conta mais o autor: no acerto, Heliodoro atuava como testa-de-ferro de Hipólito, tendo como interlocutor o intendente da polícia do Rio, testa-de-ferro do príncipe regente. E Paulo Viana também foi beneficiado: após 1813, data em que a ajuda financeira começou a ser paga, cessaram os ataques que o *Correio Braziliense* lhe fazia e teve início uma era de elogios à sua administração.

No detalhamento, escreve Dourado (*ibid.*, p. 405):

Recebendo, agora, a ajuda financeira do príncipe, e depois do rei, a linha de conduta do jornal não se precisou modificar. De resto, parece que D. João, se não se comprazia, pelo menos tirava qualquer proveito da ação jornalística de Hipólito, denunciando os abusos que ele, D. João, não tinha força ou ânimo para reprimir. [...] D. João aceitava conselhos progressistas contrários às opiniões de seus ministros, e permitia que, pelo Correio Braziliense, *se publicassem essas sugestões como de sua autoria e vontade.*

Um exemplo: em fevereiro de 1820, Heliodoro revelava, em artigo, que D. João estava disposto a realizar reformas radicais em prol de uma Constituição para o reino. E Viana recomendava a Hipólito, por meio de Heliodoro, que o rei deveria sempre ser representado maior do que realmente era, fazendo-o cada vez mais respeitável e conceituado. "E isto Hipólito demonstrou com inteligência e desassombro" (Dourado, 1957, p. 409).

Outra revelação de Dourado, ainda sobre a questão do custeio do *Correio Braziliense*: Francisco Gomes da Silva, o Chalaça, amigo, secretário, recadista e alcoviteiro de D. Pedro, também fazia as vezes de agente do jornal, conseguindo assinaturas e distribuindo-as pelos subscritores. Os primeiros documentos que comprovam uma correspondência entre Heliodoro e Chalaça datam de 1813.

Não se sabe até onde ia a influência de Chalaça sobre D. Pedro, que "crescera e se informara, politicamente, ouvindo falar no *Correio Braziliense*, e lendo-o" – segundo Dourado, certamente levado por Francisco Gomes, a quem o ligava amizade sólida e confiança nunca desmentida. Escreve o biógrafo de Hipólito:

O alcoviteiro devia ser também o de leituras proibidas, [...] tanto mais quanto, preparando-se politicamente para o cargo eminente que deve-

ria assumir um dia, D. Pedro não poderia deixar de informar-se a respeito do ofício de futuro rei ou imperador. E o Correio Braziliense era, a este respeito, manancial de informações, tanto de fatos políticos como de sugestões teóricas. (Dourado, ibid., p. 419)

Hipólito morreu no dia 11 de setembro de 1823, na Inglaterra (de "infecção intestinal", escreve Dourado). Nove dias antes, fora nomeado cônsul-geral do Brasil em Londres, e seu nome figurava entre os primeiros Oficiais da Ordem Imperial do Cruzeiro, instituída depois da independência.

Se tudo é verdade, assim começou a imprensa brasileira.

ノ

A despeito das incertezas que a história guarda sobre a independência editorial do primeiro jornalista brasileiro, não se permitem dúvidas quanto à qualidade intelectual, política e humanista de sua intervenção na realidade portuguesa e brasileira, no curto período que a vida lhe concedeu para a ação jornalística.

Foram catorze anos de produção jornalística de reconhecida importância cultural e ideológica, numa época em que na Europa crescia, para até quase ao fim do século permanecer predominante, um jornalismo de discurso doutrinário, propagador de idéias políticas ou religiosas, aquilo a que Albertos (1992, p. 265) chama "imprensa opinante que responde a uma etapa histórica de partidarismos e lutas ideológicas".

Absolutismo e resistência

A INDEPENDÊNCIA DO BRASIL deu-se num período em que a monarquia portuguesa buscava consolidar definições constitucionalistas, depois da revolução liberal de 1820. Mas os absolutistas não se consideravam derrotados. Resistiam à concretização dos avanços liberais, tirando proveito das fragilidades da burguesia portuguesa e dos antagonismos que dividiam o poder na própria família real – de um lado, D. Miguel, que fora príncipe regente e como tal implantara leis, medos e controles absolutistas; de outro, o rei D. João VI, que retornara a Portugal em 1821, para prevenir riscos que lhe ameaçavam o trono.

A revolução de 1820 ressuscitou, de imediato, o vigor publicístico das acuadas elites pensantes. Na totalidade do espaço da monarquia, antes da revolução, a imprensa estava reduzida a quatro periódicos, dos quais apenas um era diário. Depois da vitória liberal, houve uma explosão editorial. Em novembro, já eram seis os jornais diários e oito os não diários. E só no mês de fevereiro de 1821 surgiram em Lisboa dezessete jornais políticos.[6]

Havia, portanto, um ambiente de intensa discussão ideológica e partidária, alimentada pela forma discursiva do artigo, inclusive nos agressivos opúsculos que os absolutistas lançavam contra os jornais liberais (Tengarrinha, 1989, p. 125).

O tema de mais acalorada polêmica era o da liberdade de imprensa. A censura prévia, que colocava Portugal numa posição

---

6 Os dados, usados por Tengarrinha (1989, p. 124-5), são do acadêmico Luiz Soriano, tirados de sua obra *História da guerra civil e do estabelecimento do governo parlamentar em Portugal*, editada em Lisboa, na Imprensa Nacional, em data imprecisa, entre 1866 e 1879.

de atraso político e cultural em relação à Europa, inviabilizava a monarquia constitucional que os liberais queriam. E essa convicção deu razões de ser à luta das facções em confronto, uns querendo manter as restrições à liberdade de pensar e publicar, outros se empenhando em suprimi-las.

O empolgante sucesso das idéias revolucionárias criou condições políticas para que, em 12 de julho de 1821, depois de meses de "discussão viva e violenta", e com 42 anos de atraso em relação à França, Portugal conquistasse, enfim, sua primeira lei de liberdade de imprensa, "com rubrica e guarda de D. João VI". Pelo documento, mandava-se executar o Decreto das Cortes de 4 de julho do mesmo ano, pelo qual se estabelecia que "toda a pessoa pode, na publicação desta lei em diante, imprimir, publicar, comprar e vender nos Estados Portugueses quaisquer livros ou escritos sem prévia censura".[7]

Houve um fulgurante desenvolvimento da imprensa periódica, manifestado na quantidade dos jornais surgidos (39, só em 1821) e no salto qualitativo das técnicas jornalísticas e gráficas. Na melhoria da qualidade, assinala Tengarrinha (1989, p. 131), tiveram importante papel os jornalistas regressados do exílio, após a revolução. Eles renovaram e modernizaram processos técnicos e conteúdos, fazendo chegar a Portugal a chamada "imprensa de opinião", já preponderante na França e na Inglaterra, países que influenciavam toda a Europa.

A liberdade de escrever e publicar, tanto quanto a gravidade dos problemas nacionais em discussão, estimulava o jornalismo de argumentação, cujo espaço também era ocupado por nomes de prestígio nas letras, entre eles Almeida Garrett. Mas, apesar da euforia editorial, as dificuldades eram muitas – entre elas as

---

[7] Na opinião de Tengarrinha, a lei portuguesa de liberdade de imprensa era "mais audaciosa e avançada do que as disposições congêneres francesa e espanhola", nas quais se inspirava.

insuficiências do parque gráfico e as elevadas taxas de analfabetismo, redutoras do poder de influência dos jornais. E havia, ainda, a persistência da censura prévia. Ela continuava a ser ilegalmente praticada, primeiro como manifestação de sobrevivência, depois como arma de afirmação das forças absolutistas, cujo poder aumentava em proporção inversa à decadência constitucionalista, acentuada, segundo Saraiva (1981, p. 278-82), com o desapontamento que a independência do Brasil disseminou entre a burguesia portuguesa.

Ventos absolutistas mais fortes vieram da Espanha. Em 1823, um exército francês invasor impôs aos espanhóis a monarquia absolutista. E os efeitos foram imediatos em Portugal. A rainha Carlota Joaquina, irmã do rei da Espanha e principal inimiga dos liberais, uniu à sua volta os conspiradores, fortalecendo-os. Com as progressivas restrições, os melhores jornalistas voltaram a emigrar, e no exílio repetiram a experiência de publicar jornais portugueses no estrangeiro, para manter vivo o discurso liberal.

Saraiva relata com sabor jornalístico os golpes e contragolpes da disputa pelo poder. Em abril de 1824, vítima de mais uma revolta comandada por D. Miguel, o rei D. João VI tornou-se prisioneiro no próprio paço. Mas foi salvo pelo corpo diplomático e levado para "uma nau inglesa ancorada no Tejo", recuperando o controle da situação. Expulsou D. Miguel do país. Mas o rei viveria apenas mais dois anos, e D. Miguel, depois de uma transição demorada e tumultuada, traiu o acordo feito com o irmão D. Pedro, ainda imperador do Brasil, e reentrou em Portugal em 1828 para reassumir o poder como rei absoluto. Seguiu-se a guerra civil e o terror, até 1834.

A aclamação de D. Miguel como rei absoluto, em 1828, significou o regresso à situação anterior a 1820. "O absolutismo exercia controle sobre tudo o que se imprimia no reino", escreve Tengarrinha. E o que se imprimia era cada vez menos.

Entre o pouco que se imprimia, o jornalismo de resistência criou ocorrências notáveis. A mais significativa talvez tenha sido o surgimento da *Crônica da Terceira*, o primeiro jornal açoreano, defensor da liberdade constitucional, criado em abril de 1830 para ser órgão da regência liberal estabelecida em Angra do Heroísmo, na Ilha Terceira, Açores, depois de uma revolta que os miguelistas não conseguiram dominar.

Vitoriosa a revolta, ali se estabeleceram um núcleo de poder rebelde, com estatuto de regência, um governo liberal constituído e o jornal que lhe dava voz. Redigida e composta pelo acadêmico Simão José da Luz Soriano, não obstante as precárias condições técnicas em que era produzida, a *Crônica da Terceira* teve importante significado político, tornando-se "símbolo de resistência à opressão miguelista" (Tengarrinha, 1989, p. 145).

Em 1832, com a chegada de D. Pedro à frente da armada que conseguira organizar em Londres, Angra tornou-se o reduto militar onde se preparou a guerra civil que derrotaria D. Miguel. Em maio de 1834, com a assinatura da convenção de Évora Monte, o rei absolutista entregou as armas, seguindo para o exílio. Instalou-se então no poder o Governo Liberal, imediatamente reconhecido pela Inglaterra e pela França.

Entretanto, faz-se necessário um pequeno registro paralelo. Com D. Pedro viajaram de Londres para Angra vários acadêmicos exilados na Inglaterra. E eles transportaram consigo prelos e outros materiais tipográficos. Com ou sem influência desse fato, em 18 de abril de 1835 surgiu na ilha de São Miguel o *Açoriano Oriental*, diário histórico. Trata-se do mais antigo jornal português em circulação, orgulho de uma cultura, a açoreana, que tem na vitalidade do jornalismo uma de suas marcas predominantes.

O arquipélago edita sete jornais diários. E quatro deles são centenários: *Diário dos Açores*, vespertino de Ponta Delgada, ilha de São Miguel; A *União*, vespertino de Angra do Heroísmo, Ilha Terceira; O *Telégrafo*, matutino da Cidade da Horta, ilha do Faial; e o citado *Açoriano Oriental*, matutino de Ponta Delgada, um jornal que entrou no século XXI com 5.700 exemplares de tiragem média e todo impresso em quatro cores.

Além de ser o mais antigo jornal português em circulação, o *Açoriano* está entre os dez mais antigos jornais vivos do mundo e é um dos cinco mais antigos da Europa, onde, nos registros de Tengarrinha, só é superado pelo *Daily Mail*.

A vocação jornalística dos Açores manifesta-se, também, no elevado número de jornalistas brilhantes que, ao longo de sucessivas gerações, o arquipélago tem oferecido à imprensa portuguesa do continente, entre os quais Alfredo Mesquita, Câmara Lima, José Eduardo Moniz, António Valdemar e Mário Mesquita.

Liberdade que vem, que vai...

EM 22 DE DEZEMBRO DE 1834, foi reinstaurada a liberdade de imprensa em Portugal, com imediato reflexo na atividade jornalística. Nos números de Tengarrinha (1989, p. 152), 180 novas publicações surgiram nos três anos seguintes. Apareceu, então, uma imprensa partidária, com novos conteúdos ideológicos e com a eficácia aumentada pela qualidade dos jornalistas retornados e pela modernização técnica dos equipamentos e dos processos. A discussão partidária acentuou a predominância do artigo como forma do discurso jornalístico – influência estilística que vinha, forte, do jornalismo francês e inglês, ambos argumentativos e fortemente ideológicos.

Mas os tempos eram de crise política. D. Pedro morreu no ano da vitória, deixando no trono D. Maria II, sua filha, adolescente de 15 anos. E a instabilidade dava tom aos acontecimentos, devido ao enfraquecimento político dos liberais diante da nobreza conservadora, que influenciava a inexperiente rainha. Voltaram as restrições à liberdade, os desrespeitos à Constituição. E, para restaurar liberdades e princípios constitucionais, nova revolução aconteceu em setembro de 1836 – movimento por isso conhecido como "setembrismo", nascido das ruas, ao qual depois as tropas aderiram.

Devido ao caráter popular da revolta, há quem veja no "setembrismo" a primeira manifestação portuguesa da luta operária – talvez porque os revoltosos, antigos combatentes do exército liberal, fossem desempregados. Saraiva (1981, p. 204-5) discorda. Na opinião do historiador, faltavam a Portugal condições econômicas motivadoras de uma consciência de classe forte e ativa.

Durou pouco o "setembrismo", apenas quatro anos. Nesse período floresceram os periódicos literários e científicos, e também os jornais especializados, que apareceram em elevado número, vários sobre teatro, alguns satíricos, e as gazetas rurais, médicas, militares, de jurisprudência e até de moda, para senhoras, como o *Correio das Damas* (Lisboa, 1836).

A quantidade e a diversidade de periódicos, segundo Tengarrinha (1989, p. 177), "tornaram possível e necessária a separação entre o jornal e a revista, não especialmente diferenciados pela periodicidade, mas pelas matérias que os constituíam e pela maneira de as desenvolver". Trata-se, portanto, de um momento conceitualmente importante, sob o aspecto da evolução e da definição da imprensa portuguesa.

Na história do jornalismo português, 1840 já foi ano de perseguição a jornais e jornalistas, e daí em diante a repressão continuou, com decretos e atos restritivos da liberdade de imprensa, entre eles a imposição de depósitos, fianças ou hipotecas para publicar qualquer coisa, e penas rigorosas aos transgressores.

A fibra jornalística resistia em folhas clandestinas e em periódicos ilegais, em tempo de rebeliões. E a estas o governo respondia com feroz repressão, que incluiu a suspensão dos jornais, por decreto de 7 de outubro de 1846, mensalmente renovado até julho do ano seguinte.

Nesse quadro, o jornal ilegal de maior importância simbólica surgiu em Lisboa, no ano de 1846, em 8 de dezembro, quando pelo país se espalhavam as guerras da Patuléia.[8] Chamava-se *O Eco de Santarém*, assim anunciado no nº 32 de uma folha clandestina que circulava com o nome de *Boletim*:

> *Temos a satisfação de anunciar aos nossos concidadãos que vai sair um jornal intitulado* O Eco de Santarém. *O fim a que nos propomos é dar aos nossos leitores as notícias oficiais sobre os acontecimentos que flagelam o país, demonstrar as causas deste flagelo e defender o povo português das garras da tirania e dos satélites do despotismo. O país há de saudar-nos pelos esforços que fazemos pelas nossas liberdades.*

Além disso, clamava contra o Diário do Governo, "órgão oficial de um ministério bastardo, que se alenta com o crime e com a mais atroz perseguição" (Tengarrinha, 1989, p. 165).

---

8 Na explicação de Saraiva (1981, p. 299), o termo "Patuléia" é um espanholismo derivado de *patulea*, que significa tropa fandanga, soldadesca sem disciplina. Não deixa de ser denominação criativa para uma insurreição de características populares, que irradiou pelo país a revolta dos camponeses minhotos, conhecida por "Maria da Fonte".

Na avaliação desse autor, a violência da linguagem e o extremismo das posições aproximam *O Eco de Santarém* do republicanismo, que já se manifestava em Portugal com atitudes de revolta e um único objetivo programático: a deposição da rainha. Era um jornal de palavreado revolucionário, mas geograficamente limitado à província da Estremadura, da qual, àquela época, Santarém e Leiria faziam parte.

Em Santarém se localizava o centro estratégico dos insurretos que faziam a Patuléia. Daí o nome do revolucionário periódico, que pouco tempo durou, apenas seis dias: no dia 14 de dezembro daquele ano (1846) saiu o quarto número; logo em seguida, a polícia, alertada por alguém, invadiu as ruínas da Igreja de Santa Catarina, onde, numa tipografia clandestina, o jornal era impresso. Houve tempo, porém, para destruir os moldes e esconder a cabeça do jornal, antes de a polícia chegar. Nenhum vestígio foi encontrado. Mas o jornal morreu. E os revolucionários de imediato o substituíram por outro, *O Espectro*, de maior abrangência.

À margem dos conflitos, sobreviviam os periódicos literários e científicos, poupados pela repressão e até ajudados pelo governo.

Dois periódicos literários se tornaram particularmente importantes: *O Panorama*, fundado em 1837, redigido por Alexandre Herculano; e a *Revista Universal Lisbonense*, criada em 1841, que pertencia a António Feliciano de Castilho – "revistas que, em seu gênero", escreve Tengarrinha (1989, p. 175), "se poderiam colocar sem desvantagem ao lado das melhores na Europa, tanto no aspecto gráfico como literário". Sob a aparência da análise literária, abordavam, "mais ou menos veladamente, as questões sociais e políticas, [...] à luz do pujante humanismo do nosso primeiro romantismo".

As guerras da Patuléia terminaram com a intervenção de uma esquadra inglesa e um exército espanhol, ajuda pedida pelo governo de Lisboa para controlar a situação. No dia 24 de junho de 1847 assinou-se um acordo em que a rendição dos insurretos foi trocada pelo perdão.

Seguiram-se três mornos anos, período de "penumbra" na descrição de Saraiva, em que nada relevante aconteceu. Havia como que uma fadiga política que conduzia à atitude generalizada da alienação. Nessa pasmaceira, o marechal Saldanha, insatisfeito por ter sido substituído no lugar de mordomo-mor, tentou uma revolta à qual no início ninguém se juntou, o que o levou a refugiar-se na Galícia. Lá, ao saber que os regimentos do Porto haviam resolvido aderir, viajou para a cidade, foi aclamado e tomou a frente de um movimento vitorioso, que prometia a regeneração do país – e como "Regeneração" ficou conhecido.

Corria o ano de 1851 quando, por toda a Europa, o liberalismo já se tornara vitorioso, com a derrubada de velhos monarcas. Começaram, então, quatro décadas de tranquilidade e modernização para a imprensa portuguesa.

ノ

E no Brasil, como iam as coisas, em tempos de pós-independência?

As instabilidades políticas do Brasil pós-independência foram predominantemente produzidas pelos conflitos entre o centralismo do Império e os interesses das províncias, que ambicionavam autonomia e lutavam por ela.

A última das rebeliões provinciais, a Praieira, que manteve Pernambuco em pé de guerra de 1848 a 1850, marcou o esgotamento da fase de revoltas contra o poder central. E vigorou pleno, a partir de então, o acordo entre conservadores e liberais, em implementação desde 1847, ano em que, por decreto, começou a existir a figura do presidente do Conselho de Ministros. Indicado pelo imperador, cabia-lhe formar o ministério e dirigir o Poder Executivo. O gabinete mantinha-se enquanto merecesse a confiança da Câmara e/ou do imperador. Era uma espécie de parlamentarismo, com a particularidade de que ao imperador cabia o chamado Poder Moderador, o que lhe garantia alta capacidade de interferência.

Em 1850, com a derrota dos revoltosos de Pernambuco, o parlamentarismo imperial consolidou-se como solução política para a acomodação dos antagonismos partidários.

Tal como, no mesmo período, aconteceu em Portugal com a "Regeneração", do marechal Saldanha, o Brasil atravessou, depois de 1850, quase quatro décadas de paz política e liberdade. O revezamento de gabinetes e a alternância partidária no governo deram normas políticas civilizadas às divergências entre as elites conservadoras e liberais. O período foi, também, de progresso para a economia do país, e isso se refletiu na imprensa, com o surgimento de vários jornais diários de longa duração, empresarialmente editados e administrados.

*

Antes desse período de paz política, porém, o país atravessou 28 anos sob a pressão de ardorosos confrontos políticos entre progressistas e reacionários de vários matizes, conflitos no início favorecidos pela ausência de censura prévia e, depois, pela liberdade de pensamento e expressão assegurada pela Constituição de 1824.

Não faltaram, ainda assim, atos repressores de vingança e amedrontamento contra jornalistas, porque a discussão política e também a militância de oposição, de tom revolucionário, libertário ou simplesmente contestatório, manifestavam-se por meio de numerosos e sucessivos periódicos panfletários de vida curta, quase todos de pequenas dimensões, quatro páginas e um só artigo. Marcados, porém, pelo vigor da linguagem insultuosa, quando não injuriosa, caluniosa e até chula, característica que lhes fez merecer a qualificação de "pasquins".[9]

Nesse período de ajustamentos políticos e ideológicos, entretanto, surgiram dois jornais diários que não morreram: o *Diário de Pernambuco*, lançado em Recife, capital de Pernambuco, em 7 de novembro de 1825 e o *Jornal do Commercio*, que foi às ruas do Rio de Janeiro, pela primeira vez, dia 1º de outubro de 1827.

Ambos se tornaram grandes jornais no decorrer do século XX, inclusive sob o ponto de vista empresarial. O *Jornal do Commercio* solidificou-se com vocação mais especializada. Ligado ao empresariado do comércio do Rio de Janeiro, veio a constituir-se referência no noticiário e na análise do mundo dos negócios, e assim continua. O *Diário de Pernambuco*, empresa de grande porte e diário de prestígio e influência no Nordeste do Brasil, ostenta o título de jornal vivo mais antigo, com publicação ininterrupta, na América do Sul.

Dores da Independência

ENTRE 7 DE SETEMBRO DE 1822, data da Independência, e 23 de julho de 1840, quando D. Pedro II, com apenas 14 anos, teve a maioridade decretada pelo Congresso e

---

[9] A descrição feita apóia-se na interpretação histórica feita por Sodré (1966, p. 96), ao relatar a atividade da imprensa periódica brasileira no período.

assumiu o trono, os embates políticos produziram três ápices transformadores, em torno dos quais se pode contar também a história da imprensa no período.

O primeiro ápice foi a própria Independência, de cujo processo o grito do Ipiranga tem o significado de episódio simbólico. Para Werneck Sodré, a Independência deu-se em torno de um confronto entre direita e esquerda sobre o papel do imperador. Todos queriam a Independência e o monarca, mas discordavam em relação ao regime: a direita queria um governante acima da Assembléia Constituinte; a esquerda lutava por uma Assembléia acima do governante.

E assim se reproduzia, na grande nação emergente, com nuanças locais, o conflito europeu da época, entre absolutistas e liberais, que também dividia os portugueses. Ganhou a direita, que "liquidou os que colocavam o problema da liberdade", escreve Sodré (1966, p. 70).

> *Quando da coroação, em dezembro, D. Pedro dispunha de ilimitado poder, o liberalismo estava derrotado, criara-se clima insuportável para a imprensa. E, no desenvolvimento do processo, a situação desembocaria no fechamento da Constituinte e na suspensão da liberdade de imprensa.*

Com a liberdade de imprensa, antes do fechamento da Constituinte, ou sem ela, a verdade é que apareceram e desapareceram, mais no Rio de Janeiro, mas também por todo o país, inúmeros periódicos ao sabor das lutas políticas. Havia, naturalmente, os que eram a favor de um imperador todo-poderoso, e a esses Sodré classifica de "imprensa áulica". Mas a esmagadora maioria formava-se de jornalecos que fustigavam o imperador.

Tantos eram os pasquins, na capital e nas províncias, e tão efêmeros, que de pouco serve citar-lhes o nome. No ano da Independência, entre os periódicos efêmeros o mais importante talvez tenha sido A *Malagueta*, que foi fundado em 18 de dezembro de 1821 e resistiu, com fases de interrupção, até 1832. Fazia-lhe frente O *Espelho*, áulico, talvez redigido pelo próprio D. Pedro, admite Sodré (1966, p. 72).

Mais importante que relacionar nomes de jornais (a listagem tenderia ao infindável) é citar alguns jornalistas entre aqueles que os escreviam, vários deles idealistas libertários que arriscaram a pele e passaram à História.

O primeiro nome a exigir referência é o de Luís Augusto May, fundador e redator de A *Malagueta*, guerreiro da palavra que, em meio às polêmicas com O *Espelho*, chegou a sofrer, segundo o próprio relato, violenta surra de um grupo de encapuzados (um deles seria o próprio imperador, na suspeita proposta por Sodré), "armados de espadas nuas e paus grossos", disso resultando "o aleijão e ferida aberta que ainda hoje conservo, [...] além de dez ou doze contusões violentas no pescoço e no corpo, de que resultou também o aleijão do dedo index da mão direita" (*ibid.*).

Mas o pioneiro da imprensa libertária, e seu nome mais importante, foi Cipriano José Barata de Almeida. Nascido na Bahia em 1764, bacharelou-se em Coimbra em julho de 1790, e ali foi influenciado pelos ideais da Revolução Francesa. Regressou à colônia, tornou-se lavrador de cana e acabou sendo envolvido em denúncias de conspiração que o levaram à prisão. Por falta de provas, foi libertado.

A prisão, porém, deve ter-lhe incendiado a alma republicana, e por isso se juntou à revolução pernambucana de 1817. Depois, participou de outros movimentos e ganhou prestígio suficiente para conquistar lugar na representação brasileira às Cortes portuguesas reunidas por decorrência da revolução constitucionalista de 1820.

Logo retornou ao Brasil. Era um nativista radical e punha a liberdade acima de qualquer outro valor.[10] Segundo Sodré (1966, p. 77), fundou o primeiro jornal republicano a circular no Brasil, a *Gazeta Pernambucana*. Mas foi nos debates e rusgas pela liberdade, no processo da Independência, que, como criador de jornais e jornalistas, impôs seu nome à História, ao criar a série *Sentinelas*, escritas e impressas onde estivesse, se em liberdade estivesse, e com a periodicidade possível.

Sempre acrescentava à palavra "sentinela" uma frase com referências à temática motivadora e à cidade ou ao Estado onde a série era publicada – onze séries ao longo de vários anos, com um total de pelo menos 143 edições, tiradas entre 1823 e 1835. Foi depois para o Rio Grande do Norte, onde sobreviveu lecionando francês, e por lá morreu, com pouco mais de 70 anos, pobre e alquebrado por doenças adquiridas em cárceres.

✧

Também se deve falar de Frei Joaquim do Amor Divino Caneca, o Frei Caneca, herói pernambucano, guerreiro republicano, padre rebelde e jornalista libertário. Pegou em armas na revolta republicana de 1817 e foi cabeça da Confederação do Equador, levante separatista que em 1824, a partir de Recife, tentou im-

---

10 De Cipriano Barata de Almeida, assim escreveu Otávio Tarquínio de Souza: "Transitava naquela Lisboa cheia de influências francesas e inglesas com roupas de algodão tecidas no Brasil" ("Fatos e personagens em torno de um regime". Rio de Janeiro, 1957, p. 223, *apud* Sodré, *op. cit.*, p. 77).

plantar uma federação republicana reunindo as Províncias de Pernambuco, Paraíba, Rio Grande do Norte e Ceará. Derrotado, foi preso, condenado à morte e morto por fuzilamento, no dia 15 de janeiro de 1825.

No jornalismo, Frei Caneca combateu a vaga absolutista com o *Tifis Pernambucano*, jornal que lançou em 25 de dezembro de 1823, mantendo-o vivo até 5 de agosto de 1824. Com esse jornal, Frei Caneca preencheu, durante mais de um ano, o vazio criado na oposição com a prisão de Cipriano Barata, que ficou na cadeia entre 1823 e 1830. Durante esse período, foi o crítico mais contundente do Império.

♩

Outro nome importante é o do português Zeferino Vito de Meireles. Saído da Impressão Régia (onde foi operário e vice-administrador), fundou e redigia o *Diário do Rio de Janeiro*, que apareceu na Corte em 1º de julho de 1821. Nem todos os historiadores são peremptórios quanto a isso, mas deve ter sido o primeiro jornal diário do Brasil. Ainda que algum outro o tenha antecedido na periodicidade diária, Sodré (1966, p. 58-9) atribui ao *Diário do Rio de Janeiro* a relevância de "precursor originalíssimo" da imprensa diária brasileira tal como a entendemos hoje, pois "teve todas as características do jornal de informação."

Na política, "nada alterou", porque era um jornal "deliberadamente omisso" em tais questões. Nem a notícia da Independência deu. "Ocupava-se tão somente das questões locais, procurando oferecer aos leitores o máximo de informação". Também inseria anúncios sobre escravos fugidos, leilões, compras, vendas, achados, aluguéis e preços de gêneros – e, porque publicava regularmente o preço da manteiga, tornou-se conhecido como o "Diário da Manteiga".

Impresso em oficinas próprias a partir de março de 1822, e vendido a um vintém, foi jornal próspero, de boa aceitação, existindo até 1878. A Constituinte da Independência começou a reunir-se em maio de 1823. Cipriano Barata lá estava, eleito pela Bahia, mas recusou-se a participar da Assembléia. Acabou sendo preso e ficando detido até 1830.

Livres também de Cipriano (outros radicais já haviam sido presos ou exilados), os liberais moderados ficaram em maioria para impor um modelo de monarquia constitucional. Mas surgiram desavenças quando se começou a discutir se o imperador deveria ou não ter poder para dissolver a futura Câmara dos Deputados. Os constituintes queriam recusar esse privilégio ao imperador, não estando dispostos a conceder-lhe o poder de veto a leis aprovadas no Legislativo. Com isso, porém, não concordavam o imperador e seus aliados. Os palacianos queriam um Executivo forte.

"Os tempos eram de incerteza política", narra Fausto (1994, p. 148-9). Então, o influente José Bonifácio de Andrada e Silva, "espremido entre a crítica dos liberais e as insatisfações dos conservadores", foi afastado do ministério pelo imperador.

Daí para a frente, na Constituinte, para a qual foram eleitos, e nas páginas do jornal O Tamoio, José Bonifácio e seus irmãos Antônio Carlos e Martin Francisco fariam constante oposição ao governo e aos democratas, insinuando que a independência do país se via ameaçada tanto pelos 'corcundas' (reacionários) e 'pés-de-chumbo' (portugueses) quanto pelos 'radicais'.

Lançado sob a inspiração dos Andradas em 12 de agosto de 1823, e dirigido por amigos, *O Tamoio* era um pequeno jornal doutrinário de quatro páginas, preenchidas quase sempre por um artigo só, sobre política, "atacando os portugueses em linguagem desabrida", segundo Sodré (1966, p. 89). O jornal fazia oposição à esquerda e à direita, desancava o governo, mas poupava o imperador. E teve grande aceitação na opinião pública, passando rapidamente de semanal a trissemanal. Foram três meses de "campanha apaixonada".

A tensão que se instalou na Corte conduziu ao desenlace de feição absolutista, por coincidência quando em Portugal os absolutistas voltavam a ser senhores da situação. Na manhã de 12 de novembro de 1823, depois de uma noite dramática de confrontos com o coronel do Exército Francisco Vilela Barbosa, ministro do Império, um oficial entrou na Assembléia com o decreto que dissolvia a Constituinte e suspendia a liberdade de imprensa. Vários deputados foram presos.

Quatro meses depois, em 25 de março de 1824, D. Pedro promulgou a nova Constituição. Na avaliação de Fausto (1994, p. 149-52), pouco diferia da que a Assembléia havia preparado: consolidava-se o Poder Central; instituía-se um governo monárquico, hereditário e constitucional; criava-se uma nobreza não aristocrática, com a concessão de títulos não hereditários; e ignoravam-se os escravos, apesar de representarem boa parte da população. Mas também se garantiam direitos individuais, ao menos no papel: a igualdade perante a lei, a liberdade de religião (com restrições aos cultos não católicos) e a liberdade de pensamento e manifestação.

Pasquins e imprensa de qualidade

ENTRE A PROMULGAÇÃO DA CONSTITUIÇÃO de 1824, segundo ápice, e o ápice seguinte – a abdicação de D. Pedro I, em 7 de abril de 1831, para a qual bastante contribuiu a agitação criada pela imprensa – viveu-se no Brasil um período de reconstrução de liberdades. Surgiram jornais por todo o país, a maioria deles "pasquins". Mas também dois diários históricos, os já citados *Diário de Pernambuco* e *Jornal do Commercio*.

O que de maior significação histórica aconteceu, entretanto, foi o lançamento do primeiro jornal impresso de São Paulo, o *Farol Paulistano*, nascido em 7 de fevereiro de 1827, como semanário. Entre os fundadores (o principal deles José da Costa Carvalho) estava Mariano de Azevedo Marques, pioneiro que em 1823 lançara o primeiro periódico paulista, o *Mestrinho*, inteiramente manuscrito, por falta de qualquer prelo na cidade.

No mesmo ano de 1827, em 21 de dezembro, Evaristo da Veiga lançou o *Aurora Fluminense*, que saía às segundas e sextas-feiras. Oferecendo um conteúdo político-literário revolucionário para o panorama jornalístico da época, tornou-se alternativa de qualidade e independência às folhas desabridas da oposição e à imprensa que bajulava o imperador, em ambos os casos quase só pasquins incapazes de discutir idéias.

Filho de livreiro, sem títulos acadêmicos, Evaristo da Veiga foi o grande nome da imprensa da época, "o maior dos nossos antigos escritores de imprensa", na opinião do historiador João Ribeiro.[11] Entre as ousadias de Evaristo da Veiga estava o combate aos gastos

---

11 João Ribeiro, "História do Brasil", p. 373, *apud* Juarez Bahia, *Jornal, história e técnica* (1964, p. 28).

perdulários, ao absolutismo, aos déficits orçamentários. Para espanto das elites, apoiava a abolição do celibato dos padres.

Por essa época, outro grande jornalista entrou em cena: Antônio Borges da Fonseca. Depois de, com apenas 20 anos, ter fundado a *Gazeta Paraibana* (1828/29) e nela projetar seus pendores republicanos, foi preso, processado e libertado. Viajou para Recife, onde fundou a *Abelha Pernambucana* (1829/30). Já conhecido, Borges da Fonseca transferiu-se para o Rio de Janeiro, e lá dinamizou a imprensa da esquerda liberal. No dia 2 de outubro de 1830, sob sua direção, e com seus textos, saiu o primeiro número de *O Repúblico*, que passou a centralizar a crítica ao imperador, a quem o jornalista chamava de "caríssimo", ironia ao quanto custava ao Tesouro.

Na versão de Sodré (1966, p. 135-6), com o surgimento de *O Repúblico* fortaleceu-se, na imprensa, a doutrinação da esquerda liberal, a partir da qual se criou um ambiente cada vez mais desfavorável a D. Pedro. E tudo se agravou com o assassinato de Líbero Badaró, em São Paulo, no dia 20 de novembro de 1830.

Líbero Badaró assistira no Rio ao lançamento do *Aurora Fluminense* e mudara-se para São Paulo em 1828 para, a convite de José da Costa Carvalho, colaborar no *Farol Paulistano*. Em 23 de outubro do ano seguinte lançou seu próprio jornal, o *Observador Constitucional*, e com ele sacudiu a cidade, "hostilizando o bispo, o ouvidor e o presidente" (Sodré, *ibid.*, p. 130). Logo se envolveu, também, na luta pela liberdade de imprensa, em defesa do *Farol Paulistano*, que estava sendo processado por crime de opinião.

E aconteceu a tragédia que fez de Libero Badaró herói e mito na história da imprensa brasileira. Os cursos jurídicos, criados em São Paulo e em Olinda no ano de 1827, mudaram a fisionomia das manifestações políticas. Em setembro de 1830, os estudantes paulistas foram para as ruas festejar a revolução que, na França, destituíra Carlos X e colocara no poder o soberano burguês Luís Filipe de Orléans, para impedir o retorno ao absolutismo. O ouvidor da Província de São Paulo reprimiu com violência a manifestação, considerando-a crime gravíssimo. Este ato indignou Líbero Badaró, que, em linguagem contundente, protestou em seu jornal contra o abuso de autoridade. Como resposta, foi assassinado no dia 20 de novembro de 1830, deixando para a História a seguinte frase: "Morre um liberal mas não morre a liberdade".

A partir da morte de Líbero Badaró, os acontecimentos precipitaram-se. Uma conjugação de circunstâncias abalou o prestígio e o poder de D. Pedro, desde os custos da guerra com Buenos Aires, iniciada em 1825 e perdida em 1827 (com conseqüências econômicas e políticas desastrosas), ao aumento do custo de vida nos centros urbanos, provocado pela desmoralização da moeda, que chegou a circular, nas transações comuns, por 57% do valor nominal (Fausto, 1994, p. 154-8).

Entretanto, sob a emoção da morte de Líbero Badaró, a imprensa aumentava o clamor oposicionista liberal. O exército, com soldos atrasados na tropa e descontentamentos na cúpula pela presença de oficiais portugueses em postos de comando, também se afastou do imperador. Em março de 1831, a cidade do Rio de Janeiro foi abalada por tumultos que se alongaram por cinco dias, entre portugueses e brasileiros. Era a revolta, à qual os comandos militares brasileiros aderiram.

Em 7 de abril, D. Pedro foi obrigado a abdicar em favor do filho, então com 5 anos.

D. Pedro viajou para a Inglaterra, onde se armaria para derrotar o irmão, D. Miguel, e conquistar o trono português. Deixou aos brasileiros um imperador nascido na terra, mas sem idade para governar. Seguiram-se, portanto, nove anos de Regência, e mais não foram porque, em 1840, quando D. Pedro II tinha 14 anos, um golpe legislativo atribuiu, por decreto, a maioridade ao imperador.

Depois de 7 de abril de 1831, e até ao apaziguamento de 1850, foram dezenove anos de sucessivas revoltas provinciais, todas liberais, contra o centralismo: a guerra rural dos Cabanos, chamada de Cabanada, em Pernambuco e Alagoas (1832/35); a Cabanagem, no Pará (1835/40); a Farroupilha, no Rio Grande do Sul (a mais longa, de 1836 a 1845); a Sabinada, na Bahia (1837/38); a Balaiada, no Maranhão (1838/40); e a já citada Praieira, em Pernambuco, de 1848 a 1850 – além de algumas revoltas menores, locais, em Minas Gerais e no Rio de Janeiro.

Das revoltas, duas tiveram relação direta com a imprensa: a Sabinada, assim chamada por causa do médico Sabino Vieira, diretor do jornal *Novo Diário da Bahia*, a partir do qual a revolta estourou; e a Praieira, apoiada pelo jornal recifense *O Diário Novo*, editado na rua da Praia, razão do nome da revolta.

Fora isso, em termos de imprensa, pouca coisa mais aconteceu de importante. E do acontecido boa parte se deveu à coragem jornalística de Borges da Fonseca, que em 1832 iniciou a segunda fase de *O Repúblico*, e depois lançou o *Publicador Paraibano*, em 1833, e novamente *O Repúblico*, em sua terceira fase, em 1834.

Entretanto, pasquins morriam e pasquins nasciam, sem periodicidade certa, às vezes com a edição seguinte anunciada "para quando fosse possível". Foram perdendo fôlego à medida que, sufocadas as revoltas, a esquerda liberal se enfraquecia.

Mas dois registros são indispensáveis:

1) Em 1837 chegou a litografia ao Brasil, e com ela o lançamento das primeiras caricaturas avulsas. A primeira publicação com desenhos humorísticos sairia em 1844.

2) Em 1846 surgiu a revista *O Progresso*, para fazer a denúncia dos males sociais da Província. Lançada e escrita por Antônio Pedro de Figueiredo, durou dois anos.

Liberdade e progresso

EM PORTUGAL E NO BRASIL, o ano de 1851 marcou o início de um longo período de tranqüilidade política e desenvolvimento econômico, de liberdade e modernização para a imprensa.

No caso de Portugal, Tengarrinha relaciona seis diplomas legislativos de resgate e consolidação da liberdade de imprensa. O primeiro deles, de 24 de maio de 1851, determinava "perpétuo silêncio" para todos os processos de abuso de liberdade de imprensa. No mesmo ano, em 8 de julho, o segundo decreto regulamentava a propriedade literária. Os outros quatro decretos, em seqüência cronológica: de 1º de novembro de 1856, estendendo ao ultramar a obrigatoriedade de observar as leis de liberdade de imprensa; de 12 de fevereiro de 1862, concedendo anistia a todos os crimes de abuso de liberdade de imprensa; de 1º de julho de 1863, regulamentando os privilégios dos jornais; por fim, a lei de 17 de maio de 1866, que abolia todas as cauções e restrições estabelecidas para a imprensa periódica.

Na avaliação do historiador português, "foi essa a grande época de florescimento do jornalismo". Depois de 1850, os números anuais de criação de novos periódicos em Portugal impressionam: média de 35 entre 1850 e 1859; de 67, entre 1860 e 1869; de 90, na década seguinte; e de 184 ("número prodigioso"), entre 1880 e 1889. Outra estatística, esta de Silva Pereira: entre 1861 e 1890, fundaram-se em Portugal cerca de 3.330 publicações periódicas.[12]

Uma das novidades do período foi o surgimento do primeiro vespertino português, o *Jornal da Noite*, criado em 1871. Mas outros jornais importantes surgiram em Portugal nesses anos de progresso e liberdade, entre eles o *Jornal do Comércio* (1853), desaparecido em 1976; *O Comércio do Porto* (1854), que deixou de circular em 2003; *O Primeiro de Janeiro* (1869), que continua a existir, embora com influência reduzida ao âmbito regional, depois de ter sido jornal de expressão nacional; e o *Jornal de Notícias*, lançado em 2 de junho de 1888, que às vésperas do século XXI se tornou o jornal diário português de maior tiragem.[13]

Ainda nesse período de grande expansão da imprensa, apareceu em 1881, com Magalhães Lima na direção, outro jornal diário que viria a fazer história: *O Século*, nascido como órgão oficial do Partido Republicano.[14] Como jornal partidário, serviu, e bem, à propagação das idéias revolucionárias da época. Depois, em outra fase, modernizou-se, cresceu, transformou-se em em-

---

12 Augusto Xavier da Silva Pereira, "O jornalismo português. Seu movimento em 1890", in *A Imprensa*, n. 71, 1891, *apud* Tengarrinha, *op. cit.*, p. 184.
13 Dados da Associação Portuguesa de Controle de Tiragens (APCT) indicam que, desde 2003, o *Jornal de Notícias* foi ultrapassado pelo *Correio da Manhã*, em números de exemplares vendidos em banca. E essa posição se mantinha, com certa folga para o *Correio da Manhã*, em julho de 2007.
14 O ardor republicano construiu um movimento importante da imprensa periódica portuguesa, com o surgimento de numerosos jornais revolucionários nas principais cidades do país, apesar da dura repressão monárquica. Entre as publicações mais notáveis desse movimento estão *As Farpas*, de Ramalho Ortigão e Eça de Queirós, na definição do próprio Eça "um panfleto revolucionário, a ironia e o espírito ao serviço da justiça". Além de *O Século*, deram força ao movimento republicano jornais como *O Mundo*, fundado em 1900 pelo histórico França Borges; e *A Luta*, criado por Brito Camacho e João Menezes, publicações que tiveram grande influência na vitória republicana, finalmente alcançada em 1910.

presa industrial, e viria a se tornar um dos mais importantes jornais da história recente da imprensa diária portuguesa.

Ainda na segunda metade do século XIX, sob a influência de ventos anarquistas, um dos muitos jornais do movimento operário também se destacou: A *Voz do Operário*, que chegou a alcançar tiragens de 50 mil exemplares.

Mas nenhum desses jornais teve a importância do *Diário de Notícias*, lançado em 1º de janeiro de 1865, por iniciativa e mérito de Eduardo Coelho, a quem Tengarrinha (1989, p. 113), na história da imprensa portuguesa, atribui "papel idêntico ao de Milhaud com o *Petit Journal*, Émile de Girardin com *La Presse*, e Villemessant com o *Figaro*, em França".

No entendimento do historiador português, só depois do surgimento do *Diário de Notícias* se "estabelecem, no país, condições propícias à transformação industrial da imprensa". E isso não tem apenas significado de ingresso em um novo estágio tecnológico; indica, também, que o jornal passou a ser produto numa economia já organizada em moldes capitalistas.

Entre os outros diários fundados no período, só esse histórico jornal fundado por Eduardo Coelho provocou mudanças na linguagem jornalística e no perfil empresarial da imprensa.

No que se refere à linguagem, a inovação foi assim anunciada no número-programa de 29 de dezembro, três dias antes do lançamento: "Eliminando o artigo de fundo, não discute política nem sustenta polêmica. Registra com a possível verdade todos os acontecimentos, deixando ao leitor, quaisquer que sejam seus princípios e opiniões, o comentá-los a seu sabor" (Tengarrinha, 1989, p. 215).

O jornal assumia, assim, a linha jornalística culturalmente revolucionária implantada pelo inglês *Daily Courant*, que no

Sotaques d'aquém e d'além mar

começo do século XIII, ao privilegiar a informação sem juízos de valor e separada dos artigos, criou o mito anglo-saxônico da objetividade jornalística.[15] Ao aderir a essa opção, o *Diário de Notícias* influenciou o surgimento, em Portugal, de uma imprensa preponderantemente noticiosa.

Também no resto do mundo ocidental o jornalismo entrava no ciclo histórico da notícia. E houve dois fatores decisivos para a definição desse rumo: os avanços das tecnologias de comunicação a distância e o surgimento das agências noticiosas – primeiro a Havas (Paris), criada em 1935 por Charles-Luis Havas, da qual a France Press é herdeira; em seguida a Wolff, na cidade de Berlim, em 1849; e, dois anos depois, a Reuters, fundada em Londres pelo imigrante alemão Paul Julius Reuter. Em 1848 apareceu a Associated Press, com sede em Nova York.

Aconteciam, além disso, o revolucionário desenvolvimento da indústria gráfica e a crescente facilidade de acesso às novas máquinas e técnicas: a impressora rotativa, inventada em 1846; o linotipo, inventado em 1885 e lançado no mercado em 1886; e a zincogravura, disponível a partir de 1852, graças à qual Roger Fenton pôde publicar, no *The Times*, as fotos que fez nas frentes de batalha da Guerra da Criméia, em 1855 – e aí começou o fotojornalismo.[16]

---

15 Ver adiante, capítulo "Equívocos".
16 Sobre a história da indústria gráfica, ver Arthur Turnbull e Russell N. Baird, *The graphics of communication: typography, layout, design* (1968). Vale a pena registrar: o linotipo foi inventado por Ottmar Mergenthaler em 1885 e usado pela primeira vez no *New York Tribune*, em 3 de julho de 1886; a impressora rotativa foi desenvolvida na empresa Roe & Company e posta em operação pela primeira vez em 1846, no *Philadelphia Public Ledger*; a rotativa em *off-set*, cujo princípio teve como descobridor Alois Senenfelder (1796), foi inventada por Ira Rubel em 1905 e entrou em produção industrial no ano seguinte, em Ohio, Estados Unidos; e a clicheria foi inventada na Inglaterra, por William Talbot, em 1852, e teve seu sistema modernizado por Frederic Ives, com uso industrial pioneiro no *Daily Graphic*, de Nova York, iniciado na edição de 4 de março de 1880.

Quanto ao jornal produto, um detalhe pode ser lembrado para acentuar a atitude inovadora do *Diário de Notícias*: ao fixar para a venda ao público um preço acessível por exemplar (10 réis) e ao contratar vendedores para apregoar o jornal nas ruas, Eduardo Coelho quis conquistar público, alcançar tiragens altas e obter lucro, inclusive pela via da publicidade, sem a qual não seria possível manter aquele preço. Veja-se o contraste: o *Comércio do Porto*, mais antigo que o *Diário de Notícias*, só por volta de 1890 teve vendedores nas ruas. Antes, quem quisesse ler o jornal precisava ir comprá-lo no escritório da empresa editora.

No Brasil, vocação empresarial

NA VIRADA PARA O SÉCULO XX, no Brasil, eram jornais sólidos, com prestígio e influência, entre outros: o *Diário de Pernambuco*, fundado em 1823; o *Jornal do Commercio*, do Rio de Janeiro (1827); *O Estado de S. Paulo* (fundado em 4 de janeiro de 1875 como *Província de São Paulo*, mudou de nome com a proclamação da República, pela qual havia lutado); o *Diário Popular* (1884), de São Paulo; o *Jornal do Brasil* (1891), do Rio de Janeiro; *A Tribuna* (1894), de Santos; o *Correio do Povo* (1895), de Porto Alegre – todos jornais diários existentes até hoje, modernos, com tiragens altas, editados por empresas de comunicação economicamente consolidadas.[17]

---

[17] O *Diário Popular*, de São Paulo, teve seu título comprado pelas Organizações Globo em 2002, passando a circular com o nome de *Diário de S. Paulo*. Para não perder direito ao título "Diário Popular", a empresa publica mensalmente um encarte com esse nome.

"Desapareceram os jornais efêmeros, não como por encanto, porém, como resultante das novas condições sociais", diz o relato de Juarez Bahia (1964, p. 46-7), sobre o panorama da imprensa brasileira na segunda metade do século XIX. "A técnica impôs-se a um meio antes habituado com o artista [...]. A mentalidade da máquina, a divisão do trabalho, a especialização, a distribuição racional das responsabilidades atingem, ainda que precariamente, a tipografia, causando-lhe um impacto igual ao imposto a toda organização industrial."

Entre as principais circunstâncias novas que possibilitaram a rápida industrialização e a capacitação empresarial da imprensa brasileira estava a vitalidade da economia. Havia, desde 1850, o incentivo de algumas medidas tomadas pelo governo imperial, entre as quais a extinção do tráfico de escravos, a Lei de Terras e o Código Comercial. Escreve Fausto (1994, p. 186-208) que o dinheiro disponível com o fim da importação de escravos foi para os negócios. Surgiram bancos, indústrias, empresas de navegação a vapor – e jornais. Mas a maior prosperidade estava na área da economia cafeeira. O café, que entrou no Brasil pelo Pará em 1727, já era exportado no início do século XIX. Foi na segunda metade do século, porém, que aconteceu a grande expansão, com as fazendas cafeeiras estendendo-se por áreas enormes da Província de São Paulo. E a nova fonte de riqueza mudou o perfil do país.

A partir do dinheiro gerado pela exportação do café, fez-se a modernização capitalista, em especial no Estado de São Paulo. E com a modenização capitalista consolidaram-se a industrialização e a profissionalização da imprensa diária.

Assim, nos primeiros trinta anos do século XX, vários outros jornais diários importantes foram criados para ficar, entre os quais *A Tarde*, em Salvador (1912), o *Jornal do Commercio*, do

Recife (1919),[18] *O Estado*, em Florianópolis (1915), *O Globo*, no Rio (1924), a *Folha da Manhã*, hoje *Folha de S.Paulo* (1925), *O Povo*, em Fortaleza (1928) e *O Estado de Minas* (1928) – todos situados, atualmente, entre os mais importantes do país. Outros existem, com história quase secular, nas várias regiões brasileiras. E pelo menos um, entre os que desapareceram, precisa ser citado pela importância que teve em seus setenta anos de existência: o *Correio da Manhã*, fundado em 1901. Foi um jornal admirável em momentos decisivos da vida nacional, sempre ao lado de valores como a liberdade, a justiça e a democracia.

J

A vocação da imprensa brasileira para o empreendimento empresarial produziu feitos surpreendentes, o maior deles a Rede Associada, criada por Assis Chateaubriand, que começou muito jovem sua carreira de jornalista, no *Correio da Manhã*. Em 1919, no Rio de Janeiro, ele comprou *O Jornal*, diário de imagem popular, e a partir dele, em 1924, iniciou a construção de um verdadeiro império. Agregando empresas e órgãos já existentes, ou criando-os, a Rede Associada chegou a ter 31 jornais (vários deles ainda em atividade), quatro revistas, seis emissoras de rádio e/ou TV e uma agência de notícias. Entre as revistas, um fenômeno: *O Cruzeiro*, criado em 1928, que na década de 1950 alcançou tiragens superiores a 500 mil exemplares, mesmo sendo uma publicação cara.

---

18 Há imprecisões na bibliografia consultada quanto à data de fundação do *Jornal do Commercio*, do Recife. O jornal começou a circular no dia 3 de abril de 1919, e não em 1918, como algumas obras registram. Fundou-o o dr. F. Pessoa de Queiroz (como sempre foi chamado), empresário histórico, que construiu uma empresa grandiosa de comunicação, que nas décadas de 1950 e 1960 chegou a ser a mais importante do Nordeste brasileiro, tendo o jornal como carro-chefe. Depois, um herdeiro perdulário arruinou a empresa e o jornal, que acabou vendido ao dono de uma rede de supermercados, João Carlos Paes Mendonça. Recuperado, o *Jornal do Commercio* voltou a ser, no limiar do século XXI, um dos jornais de maior tiragem na região nordestina.

Por sua influência, e também pelo talento e pela ousadia, Chateaubriand tornou-se um dos homens mais poderosos do Brasil no século XX. Com a morte dele, ocorrida em 1968, a Rede foi abalada por uma grave crise, que se arrastou pela década de 1970. Mas sobreviveu, integrada por alguns jornais não afetados pela crise, que permaneceram sólidos. Entre eles, o *Diário de Pernambuco* e o *Jornal do Commercio*, do Rio de Janeiro (os dois mais antigos diários brasileiros), o *Estado de Minas* e o *Correio Braziliense*.[19]

Matrizes diferentes

A MODERNIZAÇÃO EMPRESARIAL e a profissionalização da imprensa brasileira deram-se sob a influência do modelo jornalístico americano.

Mesmo quando o fenômeno irradiador do gosto e o brilho atrator das idéias conectavam as elites brasileiras à Europa, era para os Estados Unidos que os jornalistas brasileiros olhavam, querendo aprender formas eficazes de pensar e fazer jornalismo. O próprio Hipólito José da Costa já aproveitara a viagem aos Estados Unidos, em 1798, para estudar a linguagem da imprensa americana, e se encantou com ela, o que se pode deduzir de observações que escreveu no diário de viagem, depois publicado.

Lins da Silva (1991, p. 71-88) pesquisou os modos, as circunstâncias e os agentes da influência americana sobre o jornalismo

---

19 Em 2007, o Condomínio dos Diários Associados e Emissoras Associadas passou a denominar-se **Associados.com**, com função e papel jurídico de *holding*, da qual são acionistas as empresas que integram a rede associada – doze jornais, seis emissoras de TV, catorze emissoras de rádio, três empresas na área de vídeo e informática e uma agência de notícias. Como o nome da *holding* indica, a estratégia é a de priorizar empreendimentos no espaço da internet, com o objetivo de atrair parceiros nacionais e internacionais, de mídia e/ou de investimentos. No site da *holding* está escrito: "A criação da **Associados.com** representa um novo passo na história do grupo, que agora quer revolucionar a economia do Brasil digital".

brasileiro. E revela que, já no século XIX, vários jornalistas brasileiros estiveram nos Estados Unidos "e com certeza se deixaram influenciar não apenas pelas idéias políticas correntes naquele país, como também por sua imprensa".

Mas foi ao longo do século XX que esse trânsito se acentuou. E o jeito americano de pensar e fazer jornalismo influenciou não só as redações, mas também os modelos de gestão das empresas, bem como os conceitos e os esquemas de ensino de jornalismo.

Para o bem e para o mal, as reformas e inovações mais influentes do jornalismo brasileiro no século XX – a do *Diário Carioca*, no Rio de Janeiro, na década de 1950; a do *Jornal do Brasil*, nas décadas de 1950/60; a da *Folha de S.Paulo*, na década de 1980 – reproduziam a escola americana de jornalismo, nas respectivas épocas.

Simultaneamente, o jornalismo português abria-se à influência do jornalismo francês. Tengarrinha (1989, p. 218-219) fala dessa influência, referindo-se principalmente ao folhetim, cujo "verdadeiro desenvolvimento" na imprensa portuguesa "deve-se a Eduardo Coelho, quer por meio de romances à maneira *Ponson du Terrail*, então muito em voga no estrangeiro, quer pelos folhetins de crítica amena, confiados a Manuel de Roussado, Mariano Fróis, Júlio César Machado e outros, em que o último, especialmente, se notabilizou".

A matriz francesa de jornalismo influenciou, também, e de maneira forte, o jornalismo vespertino lisboeta da era salazarista. Três vespertinos construíram uma tradição de jornalismo ágil, inteligente e combativo: o *República*, fundado em 1911, de militância republicana, sempre coerente na oposição; o *Diário de Lisboa*, que foi lançado em 7 de abril de 1921 e se tornaria o grande jornal de referência até à Revolução dos Cravos; e o *Diário Popular*, cuja primeira edição circulou em 22 de setembro de 1942. A eles se juntou, como concorrente, o inovador *Diário Ilustrado*, que estreou nas ruas em 2 de dezembro de 1956.[20] Era nos vespertinos que a intelectualidade da esquerda escrevia, experimentando, diariamente, a possibilidade de ludibriar censores.

Apesar da censura, talvez até por causa do desafio que ela representava como inibidora de um jornalismo de idéias, os vespertinos, em especial o *Diário de Lisboa* e, quando surgiu, também o *Diário Ilustrado*, puseram em prática a estratégia do chamado "jornalismo de *dossiês*", inspirando-se no *Le Monde* para aprofundar temas e discussões, com textos de qualidade. É o modelo que ainda hoje, em Portugal, inspira momentos de bom jornalismo nos melhores semanários e diários de referência.

Censura salazarista

AO ESTABELECER COMO direito individual dos cidadãos a liberdade de expressão do pensamento, a Constituição portuguesa de 1933, que deu fundamento jurídico à ditadura salazarista, legalizou, também, a então já existente censura prévia. Um parágrafo do artigo 4º previa que "leis especiais" regulariam o exercício da liberdade de expressão, para "impedir preventiva e repressivamente a perversão da opinião pública". À censura prévia atribuía-se, assim, um caráter moralista que a

---

20 O *Diário Ilustrado* deixou de circular depois de 30 de março de 1963, dia de sua última edição regular.

justificaria no discurso político do regime ditatorial, ao longo dos anos.[21]

A primeira "lei especial" surgiria logo em seguida: o Decreto-Lei nº 22.469, de 11 de abril de 1933, que consolidava o mais eficiente e cínico modelo de censura prévia na história da imprensa portuguesa.[22]

Dizia o artigo 2º: "Continuam sujeitas à censura prévia as publicações periódicas definidas na lei de imprensa, e bem assim as folhas volantes, folhetos, cartazes e outras publicações, sempre que em qualquer delas se versem assuntos de caráter político ou social". O decreto proibia às comissões de censura a alteração do texto censurado por aditamentos ou substituições, "devendo limitar-se a eliminar os trechos ou passagens reputadas inconvenientes, de harmonia com o disposto no artigo 3º'".

O artigo 3º dava à repressão e à arbitrariedade revestimento ético-moralista, ao anunciar que a censura iria ser exercida de forma a defender a opinião pública "de todos os fatores que a desorientem contra a verdade, a justiça, a moral, a boa administração e o bem comum"; e de forma a evitar "que sejam atacados os princípios fundamentais da organização da sociedade".

Entregava-se, assim, à indigência intelectual dos censores a avaliação do que, nos conteúdos jornalísticos, convinha ou não convinha deixar publicar, tendo em vista proteger a opinião pública dos riscos de "perversão".

Nos fluxos das orientações práticas, portarias e outras ordens de serviço, oriundas dos gabinetes do próprio Salazar, indica-

---

[21] Sobre a história, as arbitrariedades e as artimanhas da censura salazarista, ver Graça Franco, A censura à imprensa (1820-1974). Lisboa, 1993.
[22] O Decreto-Lei nº 22.469, de 11 de abril de 1933, vigorou até 1º de julho de 1972, quando, no governo de Marcelo Caetano, entrou em vigor uma nova Lei de Imprensa, que extinguiu a Direção Geral de Censura.

vam, objetivamente, os temas e fatos proibidos para a divulgação jornalística. Ou, então, condicionavam as formas de publicação de assuntos considerados politicamente perigosos. E dessas instruções as redações também tomavam conhecimento, para a prática da autocensura, o lado mais esperto do sistema, porque induzia as redações, pelo receio das conseqüências, a um comportamento quase generalizado de cooperação.

Serve de ilustração o que aconteceu em janeiro de 1961, quando Henrique Galvão comandou a captura do transatlântico "Santa Maria". Era uma ação revolucionária ousada e inédita, destinada a chamar a atenção do mundo para a ditadura a que Portugal estava submetido. Durante dias, foi a grande notícia das agências e dos correspondentes internacionais. E um clima de euforia política se instalou nas redações dos principais jornais portugueses, refletindo os sentimentos da população.[23]

Mas a euforia não chegou às primeiras páginas.

Antes que qualquer notícia fosse elaborada, vieram as ordens da censura: a) só poderiam ser publicadas notícias do "Santa Maria" se todos os títulos fossem condenatórios da captura do navio e de quem a comandou; b) o acontecimento só poderia ser noticiado com editoriais que reprovassem a ação e seus protagonistas; c) só poderiam ser publicadas as notícias permitidas pela censura.[24]

Era a forma de evitar aquilo a que a estratégia censora do salazarismo chamava de "mutismo culposo [...] em face de atos que a Nação repudia" (Franco, 1993, p. 94), conceito estabelecido em uma circular enviada pela censura aos jornais, em 28 de agosto de 1931.

23 À época, o autor trabalhava no vespertino lisboeta *Diário Ilustrado*.
24 O noticiário internacional chegava simultaneamente às redações e à censura, onde também estavam instalados terminais de todas as agências. Enquanto, nas redações, os editores liam o material recebido, o censor fazia o seu trabalho, para permitir, proibir ou mutilar textos.

No caso do "Santa Maria", o único dos grandes jornais que resistiu à proibição do "mutismo culposo" foi o bravo *República*. Recusou-se a condenar a ação revolucionária que apoiava, optou por não publicar notícias e promoveu na manchete da primeira página a informação sobre uma campanha de arrecadação de fundos em que o jornal estava empenhado, para a compra de uma nova impressora rotativa. Título da matéria, em letras garrafais: "Para a frente é que é o caminho!"

Mais pela genialidade do sentido político da manchete do que pelo crime de "mutismo culposo", o jornal foi suspenso por três dias e teve de enfrentar um longo período de ferocidade censora. Durante esse tempo, para conseguir fechar uma edição, o pessoal do *República* tinha de escrever duas ou três, tal a sanha vingativa da censura.

Como sistema inteligente, a censura precisava da burrice amedrontada dos censores. O próprio Salazar admitiria isso, em entrevista publicada no *Diário de Notícias*, concedida, antes do decreto de 11 de abril de 1933, a um jornalista admirador, António Ferro, que pouco depois se tornaria colaborador do salazarismo, dirigindo o Secretariado de Propaganda Nacional.

Provocado pela sugestão de que talvez tivesse chegado o momento de acabar com a censura, o ditador amaciou o repúdio à proposta com o seguinte preâmbulo:

> *Eu compreendo que a censura os irrite, porque não há nada que um homem considere mais sagrado do que seu pensamento e a expressão de seu pensamento. [...] Vou mais longe: chego a concordar que a Censura é uma instituição defeituosa, injusta por vezes, sujeita ao livre arbítrio dos censores, às variantes de seu temperamento, às conseqüências de seu mau humor. Uma digestão laboriosa, uma simples discussão*

familiar, podem influir, por exemplo, no corte intempestivo duma notícia ou passagem de um artigo. (Franco, 1993, p. 46)

O que Salazar apontava como "defeitos" do censor, para o sistema eram "virtudes". E o ditador bem poderia acrescentar outras duas, mais importantes: o medo e o sentido de disciplina.

No caso do modelo censor salazarista, deixar passar alguma frase censurável poderia significar uma reprimenda humilhante ou até a perda do "lápis censor" bem remunerado. O corpo de censores era quase integralmente formado por militares aposentados, oficiais medíocres prontos para obedecer a qualquer ordem superior.

Respaldados no poder arbitrário que detinham, davam-se à hipocrisia de ser cordiais com seus interlocutores das redações, normalmente os chamados "redatores paginadores" (no Brasil, "secretários gráficos"), que nas oficinas acompanhavam a composição, a paginação e o fechamento das edições. Por causa dos horários de fechamento, os "favores" mais freqüentes e apreciados pelos jornalistas eram as antecipações dos cortes feitos em textos e fotos, informação passada por via telefônica, cabendo sempre ao jornalista o ônus das conseqüências se, por lapso de qualquer dos lados, algum texto cortado fosse publicado.

Nas oficinas, duas provas eram tiradas dos blocos de texto linotipado: uma para a revisão, outra para a censura. Alguns *office-boys* iam e vinham entre as oficinas e a censura, levando provas limpas, trazendo provas censuradas. O ritmo de leitura da censura acompanhava de perto o da revisão, mas gastava-se tempo no vaivém dos *office-boys*. Daí a importância da informação antecipada de cortes antecipadas por telefone.

ᴊ

Quanto ao medo – medo principalmente do próprio Salazar, implacável na vigilância à censura –, permita-se um depoimento pessoal do autor.

Em outubro de 1957, aconteceu em Roma o Congresso Mundial da Juventude Operária Católica (JOC), na época um movimento forte em Portugal e em toda a Europa Ocidental, assim como na América Latina, em especial no Brasil. O movimento espalhava-se, também, pelos povos colonizados da África e por alguns países da Ásia e da Oceania. O congresso foi antecedido de uma peregrinação que reuniu em Roma cerca de 30 mil jovens trabalhadores, boa parte proveniente de países onde a classe operária sofria os tormentos da exploração social e da falta de liberdade.

Dessa jornada jocista resultou um Manifesto Internacional que denunciava, em linguagem contundente, apoiada em estatísticas e fatos reais, as injustiças que condenavam os jovens operários às dores da pobreza, traduzidas em falta de moradia digna, de trabalho, de escola, de remuneração justa, de assistência médica e até de comida. Tratava-se de um documento acusador que expunha a injustiça social e política da África colonizada, e dos países da Ásia e da América Latina, mas se aplicava, como luva ajustada, também à realidade portuguesa.

A JOC de Portugal resolveu difundir o manifesto em forma de livro. Mas, por ser um movimento da Ação Católica, precisava do *nihil obstat*, a autorização prévia do episcopado, cabendo a concessão do *imprimatur* a dom José Pedro, bispo responsável pelo comando eclesial da Ação Católica Portuguesa. O conteúdo político do manifesto assustou o bispo, que impôs, como condição para autorizar a edição em livro, que antes se conseguisse publicar o texto integral do documento, sem cortes, no *Juventude Operária*, jornal da JOC, do qual, à época, o autor era editor.

Houve um desalento, porque o bispo exigia algo impossível. O manifesto – a começar pela palavra-título – tinha conteúdo impublicável para os critérios da censura, porque se enquadrava como pregação perigosa para a segurança do Estado.

Mas foi-se à luta. Montou-se uma "operação de guerra", cuidadosamente planejada e executada, para descobrir o horário de plantão do censor mais preguiçoso ou desatento.

Durante algumas semanas, com cuidados que evitassem suspeitas, foram submetidos à censura prévia textos pesados, para testar censores nos diversos horários. E descobriu-se que entre as 16 e as 18 horas, depois de terminados os textos dos vespertinos, e antes de começarem a chegar textos das edições matutinas do dia seguinte, ficava de plantão um censor "generoso", que tudo permitia. E para ele passaram a ser enviados, diariamente, entre alguns textos inofensivos, partes desordenadas do manifesto, que acabou integralmente aprovado, livre de cortes.

Foram dias sucessivos de grande tensão, inclusive porque o livro já estava pronto, informação escondida do bispo. E quando a censura descobriu que havia sido ludibriada já era tarde: o jornal estava impresso. Foi a edição de março de 1958.

Dias depois, toda a equipe do jornal foi intimada a comparecer à sala do diretor dos Serviços de Censura. E ali estava um homem assustado e zangado, brandindo, como arma que também o ameaçava, um exemplar da edição vitoriosa, furiosamente rabiscado pelo sr. António de Oliveira Salazar. O ditador, chefe supremo dos censores, espalhara por toda página pontos de exclamação e interrogação, em pequenas frases de espanto, ao lado de trechos e trechos por ele sublinhados, que deveriam ter sido cortados.

O castigo, que durou meses, foi o aumento absurdo dos cortes nas edições seguintes. O temido lápis azul da censura reduzia ou eliminava textos de forma indiscriminada, apenas para criar dificuldades no fechamento das edições.

⌇

Fundado em 1947, o *Juventude Operária* chegou a alcançar, em algumas fases da década de 1950, tiragens superiores a 40 mil exemplares, vendidos pelos militantes da JOC em áreas urbanas do país, nas ruas e nas portas das fábricas. Por sua vinculação a um movimento de militância operária considerado da esquerda católica, por isso vigiado pela Polícia Internacional de Defesa do Estado (Pide), o jornal incomodava a ditadura e sofreu marcação cerrada da censura enquanto ela durou. Depois, no final da década de 1970 e ao longo dos anos 1980, o *Juventude Operária* atravessou crises, que lhe afetaram as tiragens e a periodicidade. Mas, com a cooperação de antigos jocistas, resistiu, sobreviveu e continua a existir.

⌇

Com histórias e motivações diferentes, dois outros jornais da oposição ao salazarismo devem ser citados.

Um, *O Avante*, do Partido Comunista Português, símbolo da imprensa clandestina entre 15 de fevereiro de 1931, quando saiu o primeiro número, e 25 de abril de 1974, dia da derrubada da ditadura e do fim da clandestinidade.

Outro, o *Jornal do Fundão*, modesto semanário regional que nos anos de chumbo da década de 1960 foi submetido a um regime especial de censura, porque se transformara no único jornal no qual se tentava fazer reflexão política. Lá escreviam, entre outros, jornalistas e intelectuais do porte de José Saramago, Portela Filho, Prado Coelho, Herberto Helder, Lopes Graça, António José Saraiva, Jorge de Senna, Cardoso Pires, Alfredo Margarido e Mário Castrim. Com textos dessa ilustre gente, o *Jornal do Fundão* tornou-se espaço iluminado na imprensa portuguesa. Fez fama, de modo especial, o suplemento de letras e idéias chamado "E etc.", que o jornal manteve regularmente, de 26 de fevereiro de 1967 a 26 de dezembro de 1969, sob a direção de Victor Silva Tavares.

⸎

Quem tentava controlar O *Avante* era a Pide, não a censura, porque se tratava de um jornal clandestino, a serviço de um partido também clandestino. Nos primeiros dez anos, devido à força da repressão e às fragilidades do PCP, O *Avante* teve existência irregular, com várias paradas e retomadas. Mas, depois de 1941, com o partido preparado para enfrentar as ofensivas da Pide, o jornal estabilizou-se e passou a ser ferramenta multiplicadora de agitação e propaganda, na luta também ilegal dos comunistas.

Durante os trinta anos de clandestinidade, aconteceu um jogo de gato e rato entre O *Avante* e a Pide. Quando a repressão conseguia descobrir uma tipografia clandestina, havia festa na polícia. Mas várias outras gráficas, espalhadas pelo interior de Portugal, continuavam a existir e a imprimir as publicações do PCP.

O principal segredo da resistência editorial à repressão policial era o "prelo clandestino", composto de um rolo de impressão e mais doze peças, tudo portátil, facilmente montável e desmontável.[25]

---

25 Sobre a história *d'O Avante* e de outras publicações clandestinas do PCP, ver *60 anos de luta*, Lisboa: Edições Avante, 1982.

Segundo os comunistas, o prelo clandestino era "uma obra-prima de equilíbrio", conjugando os seguintes fatores: qualidade de impressão, facilidade de manejo, possibilidade de dissimulação, facilidade de desmontagem e transporte, e economia de meios. Montado o prelo, bastavam a mesa de suporte e a força do braço humano para imprimir o jornal em longas noites de trabalho.

As tipografias clandestinas ficavam escondidas em casas com aparência de residências, nas quais se simulava viverem famílias comuns, de três ou quatro pessoas. Por trás das cortinas, entretanto, escondia-se "o coração da luta popular", no dizer de José Moreira, que durante longos anos foi responsável pelas tipografias clandestinas do PCP.

O *Jornal do Fundão* nasceu em janeiro de 1946, criado por Antônio Paulouro e por ele dirigido até 2002, ano em que faleceu. Nos anos mais opressivos da ditadura de Salazar, Paulouro e seu jornal tornaram-se símbolos do jornalismo de resistência, em Portugal.

Ao contrário do que acontecia com os grandes diários de Lisboa e Porto, o *Jornal do Fundão* sempre rejeitou a autocensura, preservando a liberdade de escrever. "Aos censores, a censura", poderia ser o lema do seu comportamento. Isso o tornou um jornal heróico e atraiu sobre ele os furores do regime.

Em seu primeiro número, o *Jornal do Fundão* já manifestava a opção por um jornalismo de idéias. Não fazia nem pretendia fazer oposição, até porque Antônio Paulouro logo ocuparia as funções de vice-presidente da Câmara Municipal do Fundão, cargo em que ficou até 1958. Mas o periódico assumiu, desde o início, a vocação de jornal preocupado com as letras e a cultura.

As fraudes e outras ilegalidades que, em 1959, impediram a eleição do general Humberto Delgado para a Presidência da República desiludiram de vez Antônio Paulouro e o tornaram cidadão da oposição. Essa guinada à esquerda se refletiu no jornal, que logo passaria a ser alvo da vigilância exacerbada da censura.

Um censor regional, instalado em Castelo Branco, capital do distrito do qual a cidade do Fundão era parte, fazia a leitura prévia de cada edição do jornal. Era "o homem dos cortes" e a ele chegavam as provas tipográficas todas as quintas-feiras. Algumas vezes, textos mais cabeludos assustavam o censor. Por prudência, ele os submetia a Lisboa. E assim corriam as coisas: o censor cortando ou mandando para Lisboa tudo que lhe cheirasse a perigo, o jornal escrevendo com sobras, para que da censura voltassem textos suficientes para cobrir todo o espaço.

Até que, na edição de 23 de maio de 1965, a primeira edição, que seria única, de um suplemento literário dirigido pelo professor Alexandre Pinheiro Torres publicou a notícia de prêmios atribuídos pela Sociedade Portuguesa de Escritores. Entre os nomes dos autores premiados estava o do angolano Luandino Vieira, preso nas masmorras de ditadura. A edição foi apreendida e o jornal suspenso por seis meses.

Quando em novembro o *Jornal do Fundão* voltou a circular, viu-se obrigado a apresentar à Comissão de Censura, em Lisboa, semanalmente, textos, fotos e ilustrações de cada edição. Foi o único jornal regional submetido a esse regime especial de censura. E cerca de quatro anos durou o castigo.

Os censores de Lisboa cortavam a torto e a direito, às vezes páginas inteiras, uma delas a primeira página da última edição de maio de 1966, que apresentava a reportagem da visita do escritor brasileiro Érico Veríssimo a algumas cidades da Beira Baixa, região onde Fundão se localiza.

Mas aconteceram absurdos ainda maiores.

O jornal conserva, em dez grossos volumes, parte dos textos censurados. É um precioso acervo de memória, que demonstra a hediondez política, cultural e social dos crimes da censura. Lá está um dos casos mais escandalosos da história da censura salazarista: duas páginas sobre a endemia do bócio na "zona do pinhal", sub-região da Beira Baixa, transcrevendo o relatório de um estudo realizado pelos médicos José Lopes Dias, delegado Distrital da Saúde, e Fernando Dias de Carvalho, também médico distrital. O relatório, além de descrever a ocorrência endêmica da doença, ensinava à população maneiras simples de a atenuar e erradicar. A censura, criminosamente, cortou as duas páginas, decisão tomada em 25 de janeiro de 1968.[26]

Ao lado de decisões revoltantes, como essa de proibir a publicação do estudo sobre o bócio, há outras que chocam pela cretinice e até pelo ridículo. Em 1966, por exemplo, a censura cortou a seguinte notícia da localidade de Alcaide: "Foi decidido comprar dois exemplares do livro *As minhas memórias*, do eng. Cunha Leal, para oferecer à biblioteca da Casa do Povo". O eng. Cunha Leal, como se pode depreender, era um nome da oposição.

Em outra ocasião, o lápis azul eliminou esta anedota:
– *Parabéns, Alfredo! Soube que tens mais um herdeiro!*
– *Ora, sr. Doutor! Com o que ganhamos não podemos ter herdeiros, limitamo-nos a ter filhos.*

Ao mesmo tempo em que recebiam cortes desse tipo, os jornais também tinham de obedecer a imposições como esta: a partir de certa data, "os discursos de Sua Excelência o Senhor Presidente da República só podem ser publicados na íntegra".

---

[26] Este e os outros casos de cortes absurdos, a seguir citados, estão contados em texto de página inteira ("Viagem aos arquivos da censura") publicado na edição de 24 de janeiro de 1992, de autoria do jornalista Fernando Paulouro Neves, filho de Antônio Paulouro e então chefe de redação do *Jornal do Fundão*.

Justificativas? Eram desnecessárias. Mas, certa vez, o censor resolveu explicar as razões do corte de um texto que falava da vida na Suécia e em outros países da Europa além-Pirineus: "O que se passa nesses países não interessa. Não existem". São histórias guardadas nos arquivos da censura que o *Jornal do Fundão* organizou. Elas resumem e exemplificam o que toda a imprensa portuguesa sofreu durante quarenta anos. O autoritarismo dos censores chegava ao extremo de cortar a palavra "não" no meio de uma oração construída em ordem direta, como aconteceu certa vez no *Diário Ilustrado*, em 1960. Para neutralizar a intolerável intromissão do censor no sentido do texto, o autor viu-se obrigado a eliminar a totalidade do parágrafo atingido.

Para burlar a censura e enganar os censores, os jornalistas portugueses desenvolveram a habilidade de escrever nas entrelinhas, quando se tratava de conteúdos com objetivos ou sentidos políticos. E habituaram-se à perspectiva de escrever para leitores próximos, cúmplices, capazes de decifrar "piscadelas de olho" escondidas em ironias, simbologias, segundos sentidos, reticências, frases incompletas. Empobreciam e encurtavam, assim, o âmbito e a eficácia da interlocução jornalística.

Era também uma forma de fraudar o direito à informação, porque assim se disfarçava a notícia ou idéia, em vez de expô-la.

Truculência e autocensura

A EXPERIÊNCIA SALAZARISTA deve ter ajudado os militares brasileiros que tomaram o poder em 1964 a pensar a Lei de Imprensa de 9 de fevereiro de 1967.

Os juristas da ditadura militar brasileira fizeram uma Lei de Imprensa nacionalista, moralista e amedrontadora, que estabelecia a liberdade de manifestação de pensamento, mas declarava intolerável a propaganda de processos de subversão da ordem política e social; que admitia o direito de receber e difundir informações ou idéias, por qualquer meio, mas proibia, sem critérios definidos, a publicação e a circulação de livros, jornais e outros periódicos que "atentem contra a moral e os bons costumes"; e criava penas de prisão e multas pesadas para os crimes de abuso da "liberdade de manifestação do pensamento e informação", tipificados num vasto elenco de proibições, que incluía coisas como "notícias falsas ou fatos verdadeiros truncados ou deturpados, que provoquem: (I) perturbação da ordem pública ou alarme social; (II) desconfiança no sistema bancário ou abalo de crédito de instituição financeira, ou de qualquer empresa, pessoa física ou jurídica; (III) prejuízo ao crédito da União, do Estado, do Distrito Federal ou do Município; (IV) sensível perturbação na cotação de mercadorias e dos títulos imobiliários no mercado financeiro".

As semelhanças com a censura salazarista pouco vão além disso.

Quando a Lei de Imprensa foi instituída no Brasil, não havia censura prévia, e assim se continuaria por mais 22 meses. Para surpresa de muitos, a ditadura militar instalou-se e governou sem censura prévia nos primeiros quatro anos e meio de poder. Tudo podia ser noticiado e publicado. Quando, porém, o que se noticiava não agradava à instituição militar, ou a algum militar com força de mando, a reação podia ser truculenta (tantas vezes o foi!). Além disso, poderia resultar também na prisão arbitrária do jornalista, com perspectiva de tortura.

Entre a madrugada de 1º de abril de 1964, quando se deu a tomada do poder, e a manhã de 13 de dezembro de 1968, dia em que o Diário Oficial publicou o Ato Institucional nº 5, a censura teve no Brasil outro nome: medo. Em termos de grande imprensa, porém, mais forte que o medo foi a adesão.

Os jornais, como a maioria de população, apoiaram a destituição de João Goulart e a tomada do poder pelos militares. Até o *Correio da Manhã*, único dos grandes jornais a opor-se de verdade aos militares, havia exigido o afastamento de Goulart, em três editoriais seguidos, antes do levante militar. Os títulos: "Basta!", "Fora!" e "Não pode continuar".

Mas o *Correio da Manhã* queria a transferência do poder para o sucessor legal, razão pela qual de imediato optou por um jornalismo de oposição.

Quem simbolizou a rebeldia do *Correio da Manhã* foi o jornalista e escritor Carlos Heitor Cony. Já na edição de 2 de abril de 1964, ele escrevia a primeira crônica política de contestação. E diariamente voltava, com belos e vigorosos textos de crítica, denúncia e chacota. Cunhou a expressão "quartelada de primeiro de abril", nome que dava ao que os outros chamavam de "revolução". Foi perseguido, intimidado, ameaçado de rapto e preso. Mas jamais renunciou à liberdade de escrever o que pensava.[27]

O termo "revolução" remetia, inevitavelmente, às Forças Armadas, mesmo quando os rostos, os nomes ou as aparências eram civis.[28] E esse vínculo de significação criava e justificava "razões de poder", as razões da segurança nacional, que, quando necessário, reduziam a nada as leis da liberdade de pensar e informar.

---

27 Sobre o controle da imprensa pelos militares, ver Juarez Bahia, *Jornal, história e técnica*, 1. *História da imprensa brasileira* (1990).
28 Em grande quantidade, funções civis passaram a ser ocupadas por militares, no núcleo central e nas periferias do governo.

A não-existência de censura prévia favorecia as relações amistosas entre a grande imprensa e o governo. Mas o uso da liberdade de informar provocava situações que incomodavam os militares, porque havia muito o que noticiar na esfera da repressão: prisões arbitrárias, cassação de deputados, invasões ilegais, suspensão de direitos políticos, revelações de tortura, inquéritos policiais-militares, pedidos de asilo político de pessoas perseguidas – e também atos de terrorismo e outras confrontações produzidas por grupos da oposição mais radical. Além das intimidades dos gabinetes, que os repórteres descobriam.

Enfim, coisas que o governo militar preferia não ver divulgadas.

O desagrado militar e/ou governamental manifestava-se às vezes em queixumes informais, por telefone ou por escrito. Outras vezes, porém, eram reações ostensivas de retaliação, uma delas a substituição de repórteres credenciados em gabinetes e órgãos públicos. No começo, as substituições eram solicitadas à direção dos jornais. Depois, cada vez mais, passaram a ser impostas pelo descredenciamento sumário de repórteres que se tornavam indesejáveis.

Nas capitais dos Estados mais distantes do eixo Rio-São Paulo, devido à fragilidade de jornais e jornalistas locais, a repressão não tinha freios. As prisões aconteciam com maior facilidade e menor repercussão, as intimidações assustavam mais, as decisões jornalísticas eram vulneráveis às pressões. Salvo raros casos, nada se publicava que pudesse desagradar aos militares. Ao contrário: a bajulação marcava o tom de títulos, textos e fotos, até porque a maior parte dos jornais estava em mãos de políticos que apoiavam os militares, e as redações, em mãos de jornalistas subservientes.

Tudo mudou em 13 de dezembro de 1968. Nesse dia, o *Diário Oficial* circulou com o Ato Institucional nº 5, automaticamente incorporado à Constituição. Pela nova lei, o presidente da República passava a dispor de poderes coercitivos ilimitados. Podia suspender a liberdade de reunião e associação; fechar e reabrir o Congresso; cassar mandatos parlamentares e governantes eleitos; suspender direitos políticos; aposentar forçadamente funcionários públicos, militares e professores "perigosos"; estabelecer a censura da correspondência, da imprensa, das telecomunicações e das diversões públicas – tudo em nome da segurança nacional. Para reduzir resistências políticas à implantação do AI-5, no mesmo dia de sua divulgação, o Congresso foi fechado por tempo indeterminado pelo presidente da República.

O endurecimento do regime vinha desde a eleição (indireta) do general Arthur da Costa e Silva, empossado na Presidência da República em março de 1967. Ex-ministro de Exército, Costa e Silva candidatara-se como representante dos militares que controlavam os quartéis, e também da direita civil mais reacionária. Derrotou o general Oswaldo Cordeiro de Farias, candidato preferido do presidente Castelo Branco.

O perigo incentivou a rearticulação das oposições. Na clandestinidade, organizavam-se grupos de marxistas-leninistas, e de maoístas, que resolveram partir para a luta armada. Em 1968, começaram as ações de guerrilha urbana, principalmente assaltos a bancos, "expropriações" para sustentar a clandestinidade e a ampliação da luta armada.

O sistema policial-militar reagiu na mesma escala, num crescendo de truculência. Aumentou a capacidade de repressão e adotou a tortura como método preferencial para obter informações e confissões.[29]

O AI-5 surgiu nesse contexto, com a justificativa de que o governo precisava de instrumentos legais para enfrentar e eliminar a subversão. E com a nova legislação arbitrária se abriu o caminho para o Decreto-Lei nº 1.077, que em janeiro de 1970 implantou a censura prévia, para impedir "publicações e exteriorizações contrárias à moral e aos bons costumes". Considerava a lei que tais conteúdos faziam parte de um plano subversivo que punha em risco a segurança nacional.

Já estava na Presidência da República, desde 30 de outubro, o general Emílio Garrastazu Medici. Poucas semanas antes, em 29 de setembro, havia sido implantada a nova Lei de Segurança Nacional, diante da qual o decreto da censura prévia pouca importância tinha. Era apenas uma peça tática para ampliar possibilidades "legais" de controlar jornais e jornalistas.

O que mais assustava era a Lei de Segurança Nacional. Tudo que nela se enquadrasse – incluindo "abusos da liberdade de expressão" – seria julgado em tribunais militares. E como, à época, a denúncia anônima tinha acolhimento e era estimulada a perspectiva de julgamento em tribunais militares aumentava com enorme eficácia a força repressora da lei.

A lei da censura prévia veio, principalmente, para oferecer aval jurídico à operação de destruição da "imprensa alternativa", qualificação dada a uma quantidade significativa de jornais transgressores.

---

29 Ver resumo dos acontecimentos da época em Boris Fausto, *História do Brasil*, 1994, p. 475-88.

No entendimento de Bernardo Kucinski (1991, p. XIV-XV), que estudou o fenômeno, parte desses jornais era feita por jornalistas motivados por ideais políticos de esquerda, por opção política ou porque lhes faltava espaço profissional na grande imprensa. E havia outra classe de jornais alternativos: os criados por jornalistas que rejeitavam a primazia do discurso ideológico, privilegiando a crítica de costumes e a ruptura cultural, numa linha de contracultura.[30]

O mais importante de todos os periódicos alternativos foi O *Pasquim*, fundado em 1968. Chegou a ser um empreendimento próspero, com tiragens que chegaram perto dos 200 mil exemplares. Reunindo jornalistas de texto e artistas do humor, entre os melhores do país, e incorporando a mais debochada irreverência carioca, fazia a crítica do cotidiano carregada de conotação política. Empolgava as gerações inquietas da época, tanto quanto incomodava as elites e os militares dominantes. Na visão de Kucinski (1991, p. 154-9), O *Pasquim* era uma revolução de linguagem que preenchia vazios deixados "pelo fracasso dos movimentos populares e pelo desaparecimento da hegemonia cultural das esquerdas". E o sucesso comercial do jornal, na opinião de quem o fazia, chegou a incomodar a grande imprensa, que o via como concorrente na divisão do bolo publicitário.

---

30 Kucinski (1991) organizou uma listagem de 131 jornais alternativos que apareceram entre 1964 e 1980. Dos que classificou quanto ao conteúdo (e foram quase todos), 51 deles eram de natureza política, 34 dedicados à reportagem investigativa, 22 voltados para a cultura, dez de humor, seis ecológicos, três feministas, dois anarquistas, e um integrado ao universo gay. A esmagadora maioria, 94, teve existência efêmera: menos de um ano.

Os principais jornais alternativos foram submetidos a censura prévia feroz, sem regras. Entre eles, o primeiro e principal alvo da repressão foi O Pasquim. No relato de Kucinski (*ibid.*, p. 161-74), a censura começou em abril de 1970, depois de uma edição que apresentava, como assunto de capa, uma entrevista com dom Hélder Câmara, o "bispo vermelho" de Recife.

No início era uma censura leve, irregular, que pouco atrapalhava o jornal. Mas em junho daquele ano começou a censura prévia regular feita na redação, por sorte confiada a uma senhora apreciadora de bom uísque, que os humoristas e jornalistas da casa embebedavam. "Depois da terceira dose, aprovava tudo", diz um depoimento transcrito por Kucinski.

Em pouco tempo, a mulher foi demitida e substituída por um general reformado, *bon vivant*, mulherengo. Ele recebia o pessoal de O Pasquim num apartamento que possuía para encontros amorosos. E, enquanto as "namoradas" aguardavam no quarto, o general lia as provas do jornal na sala, entre bate-papos com os humoristas. Para evitar discussões, aprovava quase tudo.

A "brincadeira" acabou de surpresa, e de forma violenta, no dia 1º de novembro de 1970, quando um comando policial-militar invadiu a redação. Desmantelaram a edição que estava em fase de fechamento e prenderam quase toda a equipe do jornal.

Foi o primeiro grande baque. Dois meses depois, quando libertaram a equipe, a tiragem havia caído de 180 mil para 60 mil exemplares. E a publicidade desaparecera.

A partir daí, a censura prévia tornou-se enlouquecida, sem outros critérios que não os de destruir o jornal. Embora editado no Rio de Janeiro, onde tinha sede, *O Pasquim* era obrigado a enviar todo o material para Brasília. E as páginas lá ficavam dias, impondo à equipe uma rotina de alta tensão para manter a periodicidade.

Teve início, então, a longa agonia de O Pasquim.

Em 24 de março de 1975, quando estava em finalização a edição nº 300, foi suspensa a censura prévia a O Pasquim. Um editorial assinado por Millôr Fernandes[31] deu a notícia aos leitores, texto que vale a pena relembrar, até pela importância que tem como relato:

Cinco anos depois, tão misteriosamente como começou – "ordens superiores" –, a sinistra censura sobre este jornal se acabou. O dr. Romão, o último interventor de plantão dos vinte ou trinta que passaram pela tarefa nestes mil e quinhentos dias de violências, comunicou a Nelma que "vocês agora não precisam mandar mais nada pra censura". Mas, vício do ofício, não conteve a ameaça: "Agora a responsabilidade é de vocês". A responsabilidade sempre foi nossa... o fato é que, mesmo sob censura prévia, a responsabilidade sempre foi nossa. Agora O Pasquim passa a circular sem censura. Mas sem censura não quer dizer com liberdade...

A última frase valeu como predição: a edição foi apreendida. Encerrou-se assim, na avaliação de Kucinski (1991, p. 171), o ciclo resistente de O Pasquim. Iniciava-se outra fase,

A do jornal politicamente calculista e promotor de campanhas políticas, como a da anistia política. [...] Esvaziado de seu conteúdo consti-

---

31 Millôr Fernandes foi o precursor da imprensa alternativa, ao lançar o *Pif-Paf*, em 21 de maio de 1964, como resposta ao golpe militar. Apesar de produzido precariamente, o *Pif-Paf* teve sucesso imediato, principalmente entre estudantes, intelectuais e políticos. Sinal disso: a primeira edição vendeu 40 mil exemplares. Quando teve a oitava edição apreendida, Millôr parou com o jornal, dando por encerrada, nas palavras de Kucinski, "uma empreitada que não conseguia mais levar sozinho".

tutivo, dissolvido o grupo histórico que o criou, e mudado o cenário político, O Pasquim *apenas se igualava, mimeticamente, aos outros alternativos, e com isso se anulava.*

Quando o título foi comprado por um antigo colaborador, em agosto de 1978, o jornal vendia três mil exemplares, deixara de ser semanário, tinha periodicidade irregular, acumulara dívidas em gráficas e respondia na justiça a trinta ações trabalhistas. Pior que tudo isso: "Os jovens já não sabiam o que era O Pasquim", no dizer de quem o comprou (Kucinski, *ibid.* p. 174).

Fisicamente, o jornal resistiu mais alguns anos. Mas já estava morto.

No que se refere à censura prévia, a seus métodos e efeitos, o que se conta de O Pasquim é semelhante ao que se poderia contar de *Opinião* (1972/76) e *Movimento* (1975/81), os dois mais importantes "alternativos" de natureza política. Em alguns outros que também alcançaram repercussão – *Ex* (1973/74) e *Versus* (1976/78), os melhores – a censura prévia não foi tão devastadora, ou não chegou a existir. Mas a repressão chegou a todos, e violenta, na forma de apreensão de edições e prisão de quem os fazia.

Na história da imprensa alternativa, entretanto, para os fracassos também contribuíram a ausência de capacidade empresarial e gestão, a instrumentalização político-partidária dos jornais e as divergências ideológicas e/ou operacionais entre grupos da própria esquerda revolucionária. Os conflitos internos enfraqueciam as redações e tornaram-se mais freqüentes depois que, em 1975, o Exército liquidou o foco de guerrilha rural na região amazônica.

A derrota esgotou a fase da luta armada e desorientou o que restava dos grupos revolucionários.

Na opinião de Bernardo Kucinski, a violência e a arbitrariedade da censura prévia à imprensa alternativa tinham, também, o objetivo psicológico de servir de advertência à grande imprensa.[32] Pode ser, e o resultado talvez tenha acontecido, mesmo que não houvesse esse objetivo.

Na verdade, o governo militar não precisava de censura prévia para controlar os grandes jornais diários, que apoiavam ideologicamente o regime e se beneficiavam dele. Assim, bastava aos militares a adesão das redações à autocensura, porque altamente eficaz – e para ela contribuíam, como táticas, o efeito de amedrontamento provocado pela Lei de Segurança Nacional; o poder oficial de retaliação econômica (o governo era anunciante poderoso e financiador bancário de projetos de expansão); a capacitação das estruturas governamentais para atuarem como fornecedoras de informações; e a exaltação do apoio popular ao regime.[33]

Além disso, para atuar como produtor de informações, o governo transformara-se em grande empregador de jornalistas. Criou-se, assim, a promiscuidade do emprego duplo, com graves danos para a qualidade e a credibilidade do jornalismo.

Para a quase totalidade dos jornais, a censura prévia era exercida por freqüentes avisos telefônicos sobre o que não poderia ser publicado. Quem desobedecesse corria o risco de ter a redação invadida e a edição apreendida, como aconteceu com o *Correio do Povo*, de Porto Alegre, no dia 20 de setembro de 1972. Tudo porque o diretor do jornal, Breno Caldas, resolvera pedir por escrito a ordem telefônica de nada publicar so-

---

32   Ponto de vista manifestado ao autor.
33   Nos primeiros anos do Governo Médici, o país viveu um período de euforia econômica, com uma situação de pleno emprego, grandes obras públicas, expansão e modernização industrial e aporte de capitais externos. Ainda por cima, o Brasil ganhou a Copa do Mundo de futebol, em 1970...

bre a intimação que a Polícia Federal fizera a Ruy Mesquita, um dos donos e diretores de *O Estado de S. Paulo* e do *Jornal da Tarde*. Como não foi atendido, publicou a notícia proibida e pagou caro por isso.

A intimação de Ruy Mesquita pela Polícia Federal foi a resposta do governo à indignada carta que o intimado enviara ao ministro da Justiça, Alfredo Buzaid, expressando "humilhação e vergonha" pelo que acontecia com o secular jornal paulista e com o *JT*. Ambos estavam submetidos a censura prévia na boca das máquinas desde 24 de agosto daquele ano.

Nesse dia, o jornal foi cercado pela polícia e um censor invadiu a redação para impedir a publicação de notícias "contra o regime", tendo como pretexto o receio de que alguma coisa saísse sobre sucessão presidencial, tema proibido. O jornal foi liberado às três horas da madrugada, o cerco ao prédio levantado às seis e a censura repetiu-se no *Jornal da Tarde* (Bahia, 1964, p. 236).

Os dois jornais da família Mesquita ficaram sob censura prévia durante quatro anos, com censores na redação. Entrou para a história da imprensa brasileira a maneira como os dois jornais reagiram aos cortes de cada dia: poemas de Camões e receitas de bolo ocupavam o espaço dos textos cortados, sinalizando aos leitores a arbitrariedade sofrida.

Parece estranho que, na grande imprensa, a mais pesada censura prévia atingisse *O Estado de S. Paulo*, jornal que mais decididamente apoiara a tomada do poder pelos militares. Há aí uma razão de contexto raramente lembrada. É verdade que os Mesquita participaram ativamente nas conspirações para derrubar João Goulart, articulando, em São Paulo, apoio civil aos militares. Mas se vinculavam à ala liberal derrotada por Costa e Silva, na sucessão de Castelo Branco. Outra vertente importante que deve entrar na análise é a tradição liberal de *O Estado de S. Paulo*, que sempre resistiu a ditaduras e a ações censórias, como já acontecera nos tempos de Getúlio Vargas. O jornal apoiou o golpe em 1964, mas não queria a ditadura. Por isso reagiu ao AI-5 e teve apreendida a edição de 13 de dezembro de 1968. Em sinal de protesto, suspendeu a publicação de seus editoriais, que só voltaram em 19 de janeiro de 1975. Outra publicação da grande imprensa fortemente vigiada foi a *Veja*. Pouco tempo depois de o AI-5 entrar em vigor, devido a um texto sobre tortura, a revista sofreu censura prévia, mas por poucas edições. Em maio de 1974, por causa da publicação de uma charge de Millôr Fernandes, os censores voltaram à redação e por lá ficaram até junho de 1976. Durante esse período, os censores cortaram sessenta reportagens e 64 ilustrações. No espaço dos cortes, a *Veja* publicava imagens de demônios ou ilustrações sem relação de sentido com os conteúdos.

Também o *Jornal do Brasil* teve censores na redação, mas por poucos dias, logo após a edição de 13 de dezembro de 1968, na qual usou títulos com duplo sentido ("Ontem foi o Dia dos Cegos", por exemplo), para a atribuição de significados ao AI-5. Deve-se ainda ao *Jornal do Brasil* a reação mais criativa e inusitada aos avisos de proibição de conteúdos. "Obedecendo" à ordem oficial de não dar manchete nem fotos do suicídio de Salvador Allende, o *JB* saiu à rua, no dia 12 de setembro de 1973, com uma primeira página sem manchete ou fotos, apenas com o texto do relato dos fatos. Alberto Dines era o editor-geral do jornal.

Mas o jornal diário que mais sofreu com a repressão, e também o que mais resistiu, foi o *Tribuna da Imprensa*, do jornalista Hélio Fernandes, editado no Rio de Janeiro. De 22 de novembro de 1968, ainda antes do AI-5, até 21 de junho de 1978, quando finalmente se libertou da censura prévia, foram quase dez anos de perseguições, agressões e prejuízos.[34]

Jornais e revoluções

EM PORTUGAL, OS RUMOS DA REVOLUÇÃO dos Cravos foram decididos ou fortemente influenciados pelo que aconteceu nos jornais e com os jornais. Depois da vitória, à margem das divisões formais do poder, a paixão revolucionária ou o furor ideológico dos comunistas – ou ambas as coisas – levou-os a uma estratégia de ocupação das redações. Esse movimento de conquista de espaços cresceu com a nacionalização de quase todos os jornais diários do país, acontecida em 14 de março de 1975. O pretexto para a apropriação dos jornais foi a nacionalização de bancos, decretada pouco antes. Como alguns dos bancos nacionalizados eram acionistas majoritários de várias empresas jornalísticas, os jornais foram de roldão no movimento comunista de ocupação de espaços de poder.

Mas o avanço não se limitou aos jornais nacionalizados. Num dos jornais não nacionalizados,[35] o *República*, jornal libertário,

---

34 A *Tribuna da Imprensa*, fundada por Carlos Lacerda em 1949, era um jornal de repercussão local, mas de agressividade política que o tornava relevante. O lacerdismo tornou-se, no início da década de 1960, a corrente mais forte da direita liberal. Político de grande popularidade e tribuno brilhante, Carlos Lacerda foi deputado federal, governador eleito do antigo Estado da Guanabara, conspirador e articulador no golpe que destituiu João Goulart. Depois, passou a fazer oposição aos militares e teve os direitos políticos cassados em 1968. É nesse contexto que se dá a perseguição à *Tribuna da Imprensa*, agravada pela combatividade e irreverência de Hélio Fernandes, diretor do jornal.
35 Entre os órgãos da considerada grande imprensa, só dois permaneceram integralmente no setor privado: O *Primeiro de Janeiro*, do Porto; e o *República*, de Lisboa. O diário portuense atravessou crises, sobreviveu, mas perdeu a importância nacional que tinha antes da Revolução. O histórico vespertino de Lisboa desapareceu, depois de mutilado em sua identidade ideológica.

heróico na resistência ao salazarismo, aconteceu o episódio mais dramático daqueles tempos.[36]

Em 19 de maio de 1975, sob lideranças comunistas, os próprios gráficos do *República* decidiram destituir a direção socialista de Raul Rego. Em face da resistência dos jornalistas, sitiaram a redação. Numa reação política, a redação declarou-se sob seqüestro. E, na condição de seqüestrada, criou um fato político de resistência que colocou sob julgamento público a ação da vanguarda comunista.

Dentro do edifício do jornal passaram-se 24 horas de confronto entre tipógrafos comunistas, de um lado, e, de outro, cerca de vinte jornalistas leais a Raul Rego e ligados ao Partido Socialista (alguns poucos membros da redação haviam aderido ao movimento de tomada do jornal). Num dos momentos de maior tensão, um tipógrafo, armado com uma barra de chumbo, tentou impedir que o chefe de redação, João Gomes, abrisse uma das janelas do prédio. Para os jornalistas era essencial manter contato com as pessoas que lá fora acompanhavam o episódio, o que não convinha aos tipógrafos, dado que as manifestações da rua eram de solidariedade à redação. Foram dez ou quinze segundos de angústia, pois o jornalista resolveu abrir a janela enfrentando o risco da barra de chumbo erguida sobre sua cabeça. Mas o tipógrafo não foi além da ameaça.[37]

Houve também constrangimentos de outra natureza. Os jornalistas ficaram impedidos de ir ao banheiro durante as horas em que permaneceram sitiados. Para chegar lá, teriam de atra-

---

[36] Sobre o que aconteceu nos meios de comunicação social durante os anos quentes da Revolução de 1974 e por suas decorrências, ler Mário Mesquita, "Os meios de comunicação social", in António Reis (coord.), *Portugal, 20 anos de democracia* (1993).
[37] Episódio relatado ao autor pelo próprio João Gomes.

vessar a barreira formada pelos tipógrafos, o que não acharam prudente fazer. Para resolver a situação, serviram de penico algumas taças de conquistas esportivas que enfeitavam a sala do diretor Raul Rego.

*

O episódio da tomada do *República* – sobre o qual, a julgar pelas aparências, o Partido Comunista terá perdido o controle – traumatizou a sociedade portuguesa e desorganizou o governo. Mais do que isso: trouxe para as ruas, com vigor inesperado, o confronto de medição de forças entre comunistas e socialistas. O confronto se resolveria no voto. Os comunistas perderam; Mário Soares ganhou. E a Revolução mudou de trilhos.

À margem das mutações na cena do poder, o pior aconteceu: o *República* fechou.

*

Por efeito direto ou indireto do avanço comunista sobre os meios de comunicação, fecharam também O *Século* (oficialmente extinto em 31 de agosto de 1976), o *Diário de Lisboa* (fez a edição de despedida em 30 de novembro de 1990) e o *Diário Popular* (circulou pela última vez no dia 27 de setembro de 1991), inviabilizados pela falta de dinheiro, devido a gestões partidárias incompetentes e/ou ao descrédito resultante da manipulação ideológica de conteúdos.

A perda mais lamentável foi a do *Diário de Lisboa*. Fundado em 1921, tornou-se paradigma de jornalismo competente e digno, apegado a valores democráticos e humanistas. Significava a contradição inteligente nos tempos da censura salazarista. Embora tivesse maioria de capital privado, também o *Diário de Lisboa* ficou ligado ao Estado, devido à cota que pertencia ao estatizado Banco Nacional Ultramarino. Foi a brecha que o tornou vulnerável.[38]

Entretanto, refletindo os embates ideológicos daquela fase histórica, vários jornais nasceram para o exercício democrático, uns à direita, outros à esquerda, todos dispostos a influenciar os rumos da Revolução: *Jornal Novo*, *O Jornal* (semanário), *Tempo* (semanário), *A Luta*, *O Dia*, *O País*, *O Diário*, *O Diabo* (semanário), *Opção* (semanário), *A Tarde*, *Portugal Hoje*...[39]

Todos desapareceram. Mas o semanário *O Jornal*, ao desaparecer em 1992, deu origem à ligação da Projornal, empresa que o editava, com o grupo suíço Edipress, para a edição da revista *Visão*, que começou a circular em março de 1993 e se tornaria a principal revista semanal portuguesa de atualidade política.[40]

Tal como aconteceu em revoluções anteriores – as Liberais, de 1820 e de outros anos, e a Republicana –, também a Revolução dos Cravos teve como rosto a comunicação social. Houve saturação ideológica, partidarização e uma roda-viva de aparecimento e desaparecimento de jornais.

꜆

---

38 Mesquita, *op. cit.*, p. 368.
39 *A Luta*, lançado pela equipe excluída do *República*, tendo Raul Rego como referência e liderança, chegou a circular com edições de 80 mil exemplares. Mas acabou sendo destruído pelos vínculos da equipe ao Partido Socialista, que estava no governo.
40 Em 1999, a Edipress associou-se à Abril Controljornal, e a *Visão* passou a integrar o grupo de publicações desta última.

Em termos de grande imprensa, no Brasil, raros são os casos de jornais que nasceram ou morreram por causa de revoluções ou movimentos políticos.[41]

É certo que, na fase mais dura do regime militar implantado em 1964, os jornais *Correio da Manhã* e *Última Hora* desapareceram, enterrados em dívidas e submetidos a perseguições. Ambos fizeram oposição à ditadura e, aparentemente, esse poderia ter sido o motivo das crises que levaram, primeiro à venda, depois ao desaparecimento dos dois.

Mas a explicação não é suficiente, inclusive porque nos primeiros quatro anos e meio do regime militar não houve censura, e quando ela veio, em dezembro de 1968, nenhum outro jornal diário morreu por isso.

Vários males golpearam o jornalismo brasileiro, como a prisão e a tortura de jornalistas que resistiam à ditadura, e até o assassinato de um deles, Vladimir Herzog, em outubro de 1975; a cooptação de numerosos profissionais pelo emprego fácil; as pressões ou os favores econômicos; o amedrontamento criado pela repressão policial-militar. Mas, tirando os dois casos mencionados, os grandes jornais brasileiros atravessaram a tormenta, fortaleceram-se e puderam, quinze anos depois, ajudar na redemocratização, dando eco e ampliando as conseqüências das ações da sociedade civil.

No caso do *Correio da Manhã*, seu fim não foi totalmente explicado. Parte dos documentos que poderiam esclarecer a questão perdeu-se no incêndio que, em 20 de abril de 1985, destruiu

---

41 A exceção historicamente mais importante foi a do *Correio Paulistano*, expropriado e liquidado pela Revolução de 1930, que, apoiada pela burguesia industrial e pelas massas operárias, derrotou as velhas oligarquias e colocou Getúlio Vargas no poder. Nas eleições presidenciais, realizadas em 1º de março de 1930, o jornal havia apoiado o situacionista Júlio Prestes, vitorioso nas urnas contra Getúlio Vargas. O quadro político-social tornou-se complicado depois do assassinato de João Pessoa (em 26 de junho), candidato a vice-presidente na chapa derrotada. O movimento revolucionário estourou em 3 de outubro. Getúlio Vargas tomou posse um mês depois. E logo em seguida, no ajuste de contas, o novo governo de São Paulo acabou com o jornal.

o apartamento de Niomar Bittencourt, última diretora da fase áurea do jornal e herdeira em linha direta dos fundadores. Além de três mil obras de arte e 20 mil livros, arderam mais de 1.200 pastas com documentos, segundo o depoimento da própria Niomar, em discurso pronunciado no Museu de Arte Moderna, no Rio de Janeiro, no dia 26 de novembro de 1985.[42]

Os problemas financeiros do jornal começaram bem antes do golpe de 1964, mas, segundo Antônio Callado, que dirigia a redação quando os militares tomaram o poder, a situação agravou-se com a ditadura.

As grandes companhias suspenderam seus anúncios, pois o jornal já estava em uma posição liberal, digna. Em questões, por exemplo, como a de Cuba. E o Correio da Manhã queria manter sua linha editorial, inteligente, clara. A reação de algumas grandes companhias foi suspender as contas. O jornal, de repente, ficou numa posição difícil. (Andrade, 1991, p. 222)

Apertado pelas dívidas, o *Correio da Manhã* pediu concordata preventiva em 1969. Niomar Bittencourt quis fechar o jornal, mas optou pelo arrendamento, pensando em ganhar tempo, porque a pressão era principalmente financeira, vinda dos vários bancos credores. Entre os candidatos a arrendatário estava a família Frias, dona da *Folha de S.Paulo*. Acabaram sendo escolhidos, porém, os empreiteiros Frederico Gomes da Silva e Maurício Alencar – e acredita-se que isso aconteceu porque Niomar pensava em reaver o jornal, o que seria mais fácil em se tratando de arrendatários que nada entendessem de imprensa.

---

[42] Sobre a vida e agonia do *Correio da Manhã*, ver Jeferson Ribeiro de Andrade (colaboração de Joel Silveira), *Um jornal assassinado: a última batalha do Correio da Manhã* (1991).

E assim aconteceu, só que de forma dolorosa: quando, ao final do contrato, em 1974, o jornal voltou a Niomar, veio com dívidas maiores e industrialmente desmantelado, sem parte das máquinas. O resto foi agonia jurídica, que se arrastou ainda por alguns anos.

⌣

Em março de 1964, quando os militares tomaram o poder, a *Última Hora* perdeu os apoios políticos e financeiros que recebia do governo de João Goulart. E perdeu também o comando, porque Samuel Wainer, seu proprietário e diretor, pediu asilo político ao Chile mesmo antes de Goulart ser deposto.

O jornal nascera em junho de 1951, com dinheiro emprestado, para servir a Getúlio Vargas. "Para ajudar Getúlio, concordei em lançar a *UH* paulista" (Wainer, 1988, p. 230). Depois, foi beneficiado pela corrupção alimentada pela construção de Brasília. "Sempre que algum negócio me beneficiava, o dinheiro era integralmente aplicado na *Última Hora* – nunca quis nada para mim", escreveu Samuel em suas memórias (Wainer, *ibid.*, p. 225).

Com Jânio, Samuel Wainer fez um acordo: manteria aparência de oposição e apoiaria o governo sempre que adotasse medidas concretas. "Jânio gostou da idéia", escreveu Wainer. E, quando João Goulart substituiu Jânio, a cumplicidade com o poder tornou-se mais forte. Até que os militares chegaram. E até com eles o diretor e dono da *Última Hora* fez acordos para não ser preso. "Fiz acordos e acertos que muita gente condena, mas também aí estava em jogo a sobrevivência da *Última Hora*" (Wainer, *ibid.*, 261).

No exílio em Paris, em vez de ajudar, Samuel Wainer ampliou os problemas de seu jornal, com sangrias financeiras, uma delas para financiar o fracassado filme "Os pastores da desordem", do grego Nico Papatakis. Voltou ao Brasil em 1968. Conseguiu garantir a sobrevivência e a posse do jornal até às 12 horas do dia 21 de abril de 1972, quando assinou o contrato de venda da *Última Hora* para aqueles mesmos empreiteiros que haviam arrendado o *Correio da Manhã*. Depois, o jornal morreu. De morte anunciada.

⌡

Talvez a maior diferença entre a imprensa portuguesa e a brasileira esteja no perfil e no porte empresarial das organizações das editoras. No Brasil, ao contrário do que ocorre em Portugal, os grandes jornais pertencem a conglomerados familiares: os Frias (*Folha*), os Mesquita (*O Estado de S. Paulo*), os Marinho (*O Globo*), os Sirotsky (*Zero Hora*), os Simões (*A Tarde*, de Salvador), os Civita (Editora Abril, da *Veja* e dezenas de outras revistas). Essas famílias comandam empresas poderosas, pólos econômicos com força própria, estruturas complexas, cada uma delas com milhares de empregados e segmentações de multimídia.

Outra diferença, que talvez tenha relação de causa e efeito com a preponderância de uma hegemonia familiar nos grupos empresariais da comunicação social brasileira, está na relação de forças entre redações em empresas. No Brasil não existem Conselhos de Redação, nem Estatutos Editoriais, nem negociações sobre quem vai ser o próximo diretor. A lógica e as razões do mercado impõem-se ao jornalismo diário brasileiro, para lhe garantir sucesso. Isso produz bons projetos jornalísticos, mas também cria logros, até na informação do dia-a-dia.

Já no jornalismo português, os Estatutos Editoriais e Profissionais, os Conselhos de Redação e os Códigos Deontológicos garantem às redações um poder relativo a ser levado em conta, para as interações com as razões do negócio. Lá, ao contrário do que persiste no Brasil, os empresários donos dos meios não são, nem se imagina que possam ser, diretores de redação. Mas também em Portugal, como, afinal, no mundo capitalista, a lógica do mercado avança, de forma inexorável na área da Comunicação social, delineando perspectivas de crescente poder de interferência do capital nas razões do jornalismo – o que exigirá da sociedade, por suas instituições democráticas, a criação de fundamentos e mecanismos que preservem e fortaleçam o valor público da atividade jornalística.

Talvez um intercâmbio responsável e criativo entre o jornalismo brasileiro e o português pudesse ensinar a elaborar aperfeiçoamentos recíprocos.

2
FORMAS DISCURSIVAS

As formas jornalísticas de dizer interpretam, organizam, confrontam e dão eficácia aos discursos interessados, conflitantes, dos sujeitos da atualidade. Inclusive os discursos de quem silencia e sofre.

Objetivos e pressupostos

A INVESTIGAÇÃO INICIAL para este trabalho, sobre "A evolução dos gêneros na imprensa diária brasileira (1945-1995)", teve como principal razão motivadora o fato de escassearem, no jornalismo dos países de língua portuguesa, trabalhos especializados sobre gêneros jornalísticos.

Ao revisar a bibliografia sobre o assunto, José Marques de Melo (1994, p. 7-56) assinala que, entre os pesquisadores brasileiros, apenas Luiz Beltrão[1] se preocupou em sistematizar e classificar o texto jornalístico. Ex-aluno de Beltrão e seu grande admirador, Melo discorda dos critérios que o mestre usa para classificar tipos de texto. Reconhece-lhe, porém, o indiscutível mérito de pioneiro nos estudos sobre o tema. A despeito da importância dos estudos de Beltrão, no ambiente da língua portuguesa, é de Melo a obra mais importante sobre gêneros jornalísticos. Trata-se de estudo publicado em 1985 (reeditado em 1994 sem alterações substanciais), no qual o autor propõe uma classificação que reafirma o paradigma anglo-saxônico, dividindo os textos jornalísticos nas categorias de Informação e Opinião.[2]

Melo propõe a seguinte classificação, com a listagem de doze gêneros:

---

[1] Luiz Beltrão, falecido em 1986, foi pioneiro no ensino e no estudo sistemático do jornalismo no Brasil. Implantou e dirigiu cursos de Jornalismo em Recife e Brasília. Escreveu vários livros, os principais deles A imprensa informativa (1969), Jornalismo interpretativo (1980a) e Jornalismo opinativo (1980b).
[2] José Marques de Melo, A opinião no jornalismo brasileiro, 2ª ed., Petrópolis, Vozes, 1994. (Em 2003, pela Editora Mantiqueira, saiu a 3ª edição do livro, revisada e ampliada, com o título Jornalismo opinativo – Gêneros opinativos no jornalismo brasileiro.)

JORNALISMO INFORMATIVO	JORNALISMO OPINATIVO
Nota Notícia Reportagem Entrevista	Editorial Comentário Artigo Resenha Coluna Crônica Caricatura Carta

Como procedimento metodológico para a pesquisa deste projeto, optou-se pela classificação proposta por Marques de Melo, a ser tomada como matriz para a tipificação dos textos a serem lidos. Apenas o gênero Comentário não foi incluído na grade classificatória. E isso ocorreu porque os pré-testes realizados revelaram como subjetivas e insuficientes as características apontadas por Melo como diferenciadoras entre o Comentário e o Artigo Assinado. Para Marques de Melo, o Comentário, tal como o Artigo, pressupõe autoria definida e explicitada. Diferencia-os, segundo o autor, o fato de o Comentário se estruturar "segundo uma angulagem temporal que exige continuidade e imediatismo", enquanto no Artigo "a angulagem é determinada pelo critério de competência dos autores".

Nos pré-testes de campo, surgiram dúvidas em torno de vários textos argumentativos assinados, habituais, por exemplo, nas páginas dois e três da *Folha de S.Paulo*. A competência dos autores tanto está no texto do jornalista Clóvis Rossi, em seus comentários políticos, como (por exemplo) nos textos do economista e ex-ministro Delfim Netto sobre conjuntura econômica, na coluna ao lado, ou em qualquer dos artigos de qualquer dia, nas páginas chamadas "de opinião". Também o critério de angulagem temporal, ou a ausência dela, tanto se encontrou nos artigos curtos da segunda página, de autores da *Folha de S.Paulo*, jornalistas, quanto nos artigos mais longos da terceira página, normalmente de autores não jornalistas. Só para citar outro exemplo de dúvida que se revelou intransponível, pergunta-se: o artigo dominical do *ombudsman* do jornal é Comentário ou Artigo? Assim, devido às semelhanças, resolveu-se fundir os dois "gêneros" num só: "Artigo Assinado". A adaptação não comprometia o objetivo de **submeter à aferição empírica a coerência e a aplicabilidade da classificação de Marques de Melo**, única existente na cultura jornalística de língua portuguesa – e esse foi um dos propósitos assumidos.

Os outros objetivos da pesquisa eram os seguintes:

1) **Caracterizar as classes de texto predominantes na imprensa brasileira** e, para isso, registrar por períodos significativos, em amostra representativa dos jornais diários de cada período, as formas do discurso jornalístico ao longo dos últimos cinqüenta anos.
2) **Tipificar diferenças estilísticas de cada período** e encontrar, se existirem, vestígios de relações com os respectivos cenários políticos, tecnológicos e culturais.

Nas intenções do pesquisador, havia um objetivo de longo prazo: desenvolver e consolidar uma proposta teórica para a conceituação de gêneros jornalísticos, entendidos como formas discursivas pragmáticas. Pensava-se já na possibilidade de dar continuidade aos estudos para submeter a pretendida proposta a testes de validação numa segunda fase do projeto, que haveria de ser dedicado ao estudo comparativo de gêneros do discurso no jornalismo diário de Portugal e do Brasil.

Nos pressupostos estabelecidos, quatro idéias:

1) O jornalismo, na vocação de linguagem de Relato e análise da atualidade, realiza-se por um conjunto de técnicas desenvolvidas na experiência do fazer. Embora seja uma atividade de escrita com natureza propícia a transgressões da criatividade, o jornalismo impresso consolidou, neste século, formas relativamente restritas de organizar e estruturar seus textos. Com mais ou menos filhotes estilísticos, são quatro as espécies básicas da expressão verbal do jornalismo impresso: a Reportagem, o Artigo, a Entrevista e a Notícia. No jornalismo brasileiro, mais duas espécies constituem marcas fortes de identidade: a Crônica, por tradição própria; e a Coluna, por influência do jornalismo americano.

2) É provável que cada uma dessas espécies conquiste predominância em algumas épocas ou circunstâncias, por se revelar mais adequada ou eficaz para mediar ações, desvendamentos, saberes e falas de sujeitos, coletivos ou singulares, que agem na sociedade e sobre ela. Teríamos aí caracterizada, então, uma relação interativa de eficácia entre os discursos de núcleos e pólos organizados da sociedade e a mediação jornalística, que se manifesta por formas discursivas próprias. Nesse pressuposto, a eficácia aparece como variável importante na descrição da função do jornalismo.

3) Está na variável da eficácia a hipótese de relação entre a evolução das formas discursivas na imprensa e o surgimento de novas tecnologias. A disseminação da linotipia; o aparecimento e aperfeiçoamento dos sistemas rotativos de impressão; a substituição do clichê pelo fotolito; a revolução da policromia; a composição a frio; mais recentemente, o acesso fácil às

tecnologias digitais, no campo da edição eletrônica e da transmissão a distância de textos e imagens; a fantástica disponibilidade de recursos para a virtualização de cenários e conteúdos; o rompimento de todas as fronteiras entre o visual e o verbal – de que maneira o progresso influenciou e influencia as formas do discurso no jornalismo impresso, ampliando-lhe a eficácia mediadora?

4) A crescente complexidade dos processos sociais, políticos e culturais tornou caduca a perspectiva de que o jornalismo pode ser um discurso autônomo. O discurso jornalístico caracteriza-se, cada vez mais, pela aptidão de captar, compreender e socializar, pela mediação crítica, os discursos interessados dos agentes produtores de acontecimentos, falas e saberes que desorganizam, reorganizam ou explicam a atualidade. Esses agentes incorporaram à sua competência o domínio da técnica e da lógica jornalísticas, e com isso produzem e distribuem conteúdos jornalisticamente irrecusáveis (a informação e a explicação dos acontecimentos), por meio dos quais interagem com a sociedade.

Periodização e amostra

COM O OBJETIVO DE criar razões e critérios para a definição da amostra de jornais diários, foi estabelecida a seguinte periodização político-cultural:[3]

---

3 Para a organização da periodização adotada, o autor contou com o aporte do saber do prof. dr. Virgílio Noya Pinto, especialista em História da Cultura Brasileira, professor da Escola de Comunicações e Artes da USP, falecido em abril de 2007.

Sotaques d'aquém e d'além mar

- 1945/46 – Anos marcados pela queda de Getúlio Vargas e pela elaboração e implantação da Constituição que redemocratizou o Brasil.
- 1946/64 – O período pode ser classificado como de liberdade e criação. Propiciou manifestações importantes tanto no campo da política quanto nos da cultura, das artes e da economia. Na política, ocorreram o retorno e a morte de Vargas, com a conseqüente ruptura da política nacionalista; o surgimento das Ligas Camponesas e do sindicalismo rural; a influência da Carta das Nações Unidas; a era Juscelino Kubitschek; a eleição e a renúncia de Jânio Quadros; a atuação do Movimento de Educação de Base; os três anos intensos de João Goulart; a alfabetização de adultos pelo método politizador de Paulo Freire. Na cultura e nas artes, o surgimento da televisão em preto e branco; a criação da Escola de Arte Dramática; a criação e o apogeu da empresa cinematográfica Vera Cruz; a obra de Niemeyer; o Teatro Brasileiro de Comédia; a Bossa-Nova; o Cinema Novo; o Teatro de Arena e o Oficina; os movimentos de cultura popular. No campo da economia, o processo de industrialização, com a atração de capitais internacionais, inclusive não americanos.
- 1964/68 – Foi um período de luta e agonia. Houve a projeção de uma força cultural criadora, com Chico Buarque, Caetano Veloso, Gilberto Gil, Glauber Rocha, Ruy Guerra, Érico Veríssimo, Carlos Heitor Cony, e o tropicalismo. Mas houve também a agonia e a destruição dos mitos, pela evolução de um regime de força militar, cujo ápice ditatorial foi alcançado em dezembro de 1968, com o Ato Institucional nº 5. Entretanto, nesse período, o Brasil inicia sua modernização, com acontecimentos importantes, em especial no campo das

Comunicações: surgem o Ministério das Comunicações, a Embratel, a Embrafilme, a Telebrás; é criada a Escola de Comunicações e Artes; aparecem outras escolas de Comunicação; e implanta-se uma indústria nacional de papel.

- 1968/74 – Foi o período da escuridão, da ditadura mais rigorosa, da censura implacável, do ufanismo na propaganda oficial. Ao mesmo tempo, foi um período de euforia econômica, a época do chamado "milagre brasileiro", alimentado pela dívida externa. O Brasil industrializa-se e moderniza-se a um preço muito alto. É desse período, também, a implantação da televisão em cores.

- 1974/85 – Com Geisel, começa o período da distensão, precipitada pela morte do jornalista Vladimir Herzog na prisão, ocorrida no dia 25 de outubro de 1975. Surgem os primeiros sinais de uma rebelião civil, fortalecida pelo crescimento de Lula e de seu sindicalismo de massas, e pelos posicionamentos oficiais da Igreja Católica em favor dos direitos humanos. Ainda dentro da Igreja, ganha expressão a atuação militante das Comunidades Eclesiásticas de Base, inspirada na Teologia da Libertação. Esses movimentos, fortalecidos também pelo esvaziamento do discurso militar e do "milagre brasileiro", pelas vitórias eleitorais da oposição e pela criação do Partido dos Trabalhadores, tornam irreversível o processo de abertura política, com Figueiredo no poder (1979-85). Nesse clima de transição surge o "Projeto Folha", que cede o espaço mais nobre do jornal às elites intelectuais, trazendo a universidade para a rebelião civil. E o país explode na campanha das Diretas, da qual resulta a derrubada negociada do poder militar, com a eleição (indireta) de Tancredo Neves. A morte de Tancredo, ocorrida antes da posse, provoca uma grande comoção nacional, unifica o povo pela emoção e consolida a volta dos civis ao poder, com a posse de José Sarney na Presidência da República. No campo da Cultura, apenas dois registros de significação: a premiação e a censura da peça "Rasga Coração", de Oduvaldo Viana Filho, e a dramaturgia de Carlos Queiroz Telles, que busca no passado situações análogas para a crítica da ditadura.

- 1985/93 – É um período marcado pela penetração de uma cultura de massa internacionalizada pela mídia. O país democratiza-se, elabora e adota uma Constituição avançada, mas mergulha num vazio, com a cultura desossada, exaurida. No campo da Imprensa, o período é marcado pela consolidação do "Projeto Folha" e pelo aumento das tiragens dos principais jornais diários.

✑

A periodização político-cultural não corresponde às fases da trajetória da imprensa diária, marcada muito mais por projetos específicos e ocasionais do que por cenários políticos e/ou culturais.

Assim, na imprensa diária, temos fatos relevantes como estes: o surgimento da *Tribuna da Imprensa* (1949), de Carlos Lacerda, e da *Última Hora* (1951), de Samuel Wainer; a fundação do *Correio Braziliense* e o lançamento da *Folha de S.Paulo*, em 1960; a reforma do *Jornal do Brasil*, no final da década de 1950, que se tornou paradigma estilístico na imprensa brasileira na década de 1960; o surgimento do *Jornal da Tarde*, em 1966; o desaparecimento do *Correio da Manhã* e da *Última Hora* em plena ditadura; a expansão do jornalismo econômico, a ocupar o vazio de conteúdos políticos criado pela censura; o sucesso carioca, nos anos 1980, do jornalismo popular de O *Dia*, e seu desdobramento em São Paulo, no início dos anos 1990, com o crescimento e a consolidação do *Diário Popular* como jornal de maior venda em banca na cidade de São Paulo; o sucesso empresarial e jornalístico do "Projeto Folha", com efeitos benéficos também nos principais concorrentes (reforma n'*O Estado de S. Paulo* e fortalecimento de *O Globo*).

Esses eventos não oferecem lógica para qualquer periodização particular. Assim, tendo em vista que a primeira prioridade da pesquisa seria a de registrar e classificar a evolução dos gêneros como forma discursiva, considerou-se mais proveitoso e indicado periodizar o levantamento em decênios, para um registro linear da práxis jornalística.

Desse modo, a periodização ficou assim dividida, por decênios:

- Primeiro subperíodo – 1945/54
- Segundo subperíodo – 1955/64
- Terceiro subperíodo – 1965/74
- Quarto subperíodo – 1975/84
- Quinto subperíodo – 1985/94

Transposta a fase de definição de objetivos, critérios e pressupostos, iniciou-se a montagem da amostra de jornais. Aplicaram-se três critérios balizadores:

a) Adotar as variáveis INFLUÊNCIA e PRESTÍGIO como determinantes para a escolha dos jornais. Assim, o padrão de representatividade da amostra levaria em conta, prioritariamente, a influência e o prestígio dos jornais na opinião pública e na cultura jornalística do país em cada decênio.

b) Trabalhar com a amostra básica de quatro jornais por decênio.
c) Incluir nos cinco decênios o *Jornal do Brasil* e *O Estado de S. Paulo* (únicos que podem ser considerados influentes ao longo de todo o período de cinqüenta anos) e com eles assegurar a possibilidade de uma observação de continuidade e evolução em 50% da amostra.

Aplicados esses critérios, além do *Jornal do Brasil* e de *O Estado de S. Paulo*, entraram na amostra os seguintes jornais, por subperíodos:

- 1945/54 – *Última Hora* e *Diário Carioca*
- 1955/64 – *Correio da Manhã* e *Diário de São Paulo*
- 1965/74 – *O Globo* e *Jornal da Tarde*
- 1975/84 – *Folha de S.Paulo* e *O Globo*
- 1985/94 – *Folha de S.Paulo* e *O Globo*

A metodologia adotada foi, portanto, a de amostra intencional, visto que alguns fatores, como conhecimento histórico e representação anual, deveriam ser preponderantes. O tamanho da amostra foi decidido em função desses condicionamentos e das restrições físicas da equipe de pesquisa. Tais restrições levaram-nos a um número de leituras possíveis não superior a 250 edições.

Dentro desses limites, as outras especificidades decididas para o estudo foram as seguintes:

a) De cada jornal seria examinada uma edição por ano, nos respectivos decênios, cobrindo-se o período 1945/94 e aplicando-se a grade classificatória escolhida.

b) Para o sorteio de datas, a experiência do pesquisador determinou que as edições de domingo poderiam representar a semana, por se tratar de um dia com edições valorizadas, que incorporam as formas discursivas praticadas durante a semana, em cada jornal.

c) O ano de 1995 seria reservado a um estudo de maior profundidade sobre a *Folha de S.Paulo, O Estado de S. Paulo, O Globo* e o *Jornal do Brasil* (três edições de cada um – domingo, terça e quinta-feira de uma semana a ser sorteada). Tal estudo serviria para: 1) indicar o perfil das espécies discursivas da práxis brasileira, incluindo as que derivam do aproveitamento criativo das novas tecnologias; 2) com os dados resultantes, produzir um perfil atual de formas discursivas que permitisse comparações com os dados colhidos no estudo por decênios; 3) obter evidências que dessem sustentação a uma nova proposta conceitual e classificatória de gêneros e espécies jornalísticas.

d) Para detectar possíveis influências de acontecimentos importantes nas formas discursivas na imprensa diária, e viabilizar outras eventuais comparações, foram escolhidos cinco acontecimentos com alto potencial desorganizativo e/ou reorganizativo sobre a atualidade brasileira, um em cada decênio, com leituras e medições de edições do *Jornal do Brasil* e de *O Estado de S. Paulo* que, no dia seguinte a cada episódio, faziam o respectivo Relato e Comentário.

Os acontecimentos escolhidos foram os seguintes:

1) Suicídio de Getúlio Vargas (edições de 24/8/54);
2) Posse de Jânio Quadros (edições de 1º/2/61);
3) Decretação do AI-5 (edições de 14/12/68);

4) Prisão de Lula (edições de 20/4/75);
5) Destituição de Collor (edições de 30/9/92).

Portanto, em cada decênio, entre 1945 e 1994, teríamos um total de onze semanas estudadas, sendo dez sorteadas e uma fixada. Isso configurava a amostra em 202 edições, ao que se somariam as doze edições de 1995 (*Folha de S.Paulo, O Estado de S. Paulo, O Globo* e *Jornal do Brasil* – três edições de cada um), produzindo um total de 214 edições.

A amostra final, entretanto, teve de ser reduzida devido à inexistência de algumas edições nos acervos da Biblioteca Nacional. Além disso, na aferição dos dados primários, fez-se uma "varredura de suspeição" para identificar probabilidades de erro em dados deformados por falhas de anotação e/ou digitação, o que levou à exclusão de algumas das edições lidas, medidas e classificadas.

Após a depuração, os dados acolhidos como válidos correspondiam a 164 edições, com a totalidade de seus conteúdos lidos, medidos e classificados.

Evidências

O PROCESSAMENTO ESTATÍSTICO-DESCRITIVO dos números levantados conduziu à identificação das seguintes evidências:

1 A alteração provavelmente mais significativa nas formas discursivas do jornalismo brasileiro ocorreu no último decênio (1985/94), com o crescimento acentuado da participação percentual das espécies de "Serviço" na totalidade do espaço ocupado por conteúdos jornalísticos.

A observação feita sobre *O Estado de S. Paulo* e o *Jornal do Brasil*, que permite uma perspectiva de continuidade, oferece os seguintes números (em %), ao longo dos últimos quatro decênios:

JORNAIS	1945/54	1965/74	1975/84	1985/94
OESP	6,72	7,72	11,31	16,63
JB	5,92	8,18	9,57	13,87

A progressão ascendente indica uma tendência clara que acompanha, no caso brasileiro, a intensificação dos processos de urbanização e das respectivas decorrências, em termos de mercado, cultura, costumes e demandas sociais.

Se incluirmos no quadro a totalidade da amostra do período, as médias da evolução são as seguintes:

- 1955/64 – 7,39%
- 1965/74 – 9,75%
- 1975/84 – 9,33%
- 1985/94 – 18,84%

O pico irregular do decênio 1965/74 reflete a inclusão do *Jornal da Tarde* na amostra desse decênio. Trata-se de um vespertino que surgiu com uma clara e assumida vocação urbana, percebendo, desde o início, a importância que a informação utilitária teria num projeto jornalístico que se propunha interagir com a classe média emergente da metrópole de São Paulo.

Quanto ao salto estatístico ocorrido no último decênio, a *Folha de S.Paulo* contribui decisivamente para ele, pois oferece um índice de 26,03% de participação das espécies utilitárias no espaço ocupado por conteúdos jornalísticos.

No caso particular da *Folha de S.Paulo*, os estudos de 1995 confirmam a consolidação dessa política editorial de valorização da vocação utilitária do jornalismo. Na amostra desse ano, as espécies de natureza utilitária representaram, em termos percentuais, 21,31% do espaço dedicado pelo jornal ao relato da atualidade – e esclareça-se: nos novos critérios e conceitos adotados nesta fase do estudo, as espécies utilitárias foram classificadas como formas de relato da atualidade.

2 **Excluído o crescimento contínuo da vertente utilitária do jornalismo, e no que se refere a inovações, a única ocorrência importante identificada foi, se não o surgimento, pelo menos o desenvolvimento e a intensidade do uso de *Resumos Didáticos*, com o aproveitamento criativo das tecnologias de edição gráfica para soluções que aglutinam recursos verbais, não-verbais e paraverbais.**

A busca do didatismo, inspirada na corrente mais moderna do jornalismo americano, foi assumida como objetivo pelo "Projeto Folha" (fazer *"um jornal apartidário, pluralista, crítico, didático, moderno na tecnologia e na linguagem"*, na síntese oficialmente divulgada) e transformada em norma interna pelo *Novo manual de redação*, lançado em 1984. Isso estimulou uma atitude jornalística de aproveitamento das novas tecnologias de edição gráfica para a criação e o desenvolvimento de formas de resumos, destinados a pôr em evidência, com clareza didática, as informações ou ênfases mais importantes dos conteúdos narrados em reportagens. Os Resumos Didáticos tornaram-se marca importante na identidade visual e jornalística da *Folha de S.Paulo*, e logo se espalharam pelos meios impressos brasileiros, incorporando-se à cultura jornalística da era informatizada, como vertente criativa de linguagem no relato da atualidade.

Na amostra de 1995, trabalhando sobre o recorte de seis edições selecionadas para medições e identificação de espécies (*Folha* e *O Globo*), as ocorrências de Resumos Didáticos detectadas adquirem a seguinte expressão estatística: dos 272.503 cm² ocupados, nos dois jornais, pela espécie Reportagem, 25.780 cm² foram reservados para Resumos Didáticos, o que representa 9,46%. Isoladamente, na *Folha de S.Paulo*, esse índice é de 11,09% (em *O Globo*, 6,92%).

Trata-se, portanto, de uma criação de linguagem consolidada na práxis e na cultura jornalística da era informatizada, e caracterizada pela integração interativa de séries visuais verbais, paraverbais e não-verbais.[4]

3 **Há indícios de certa expressão estatística que apontam para a hipótese de que os níveis de liberdade política e as circunstâncias ideológicas interferem nas formas discursivas dos jornais.**

A observação sobre os decênios 1965/74 (auge da ditadura militar) e 1975/84 (período da distensão política pré-redemocratização) oferece as seguintes evidências de que tal influência pode ocorrer:

a) Na avaliação percentual dos espaços ocupados por "Informação", "Opinião" e "Serviço", e olhando-se o primeiro daqueles

---

[4] Sobre "Séries informacionais" da mensagem jornalística, ver Eliseo Veron, "Ideología y comunicación de masas: la semantización de la violencia política", *in Lenguaje y comunicación social*. Buenos Aires: Nueva Visión, 1969, p. 146-7.

decênios, verifica-se, na média dos jornais estudados, em relação ao decênio anterior, uma queda superior a 11,67 pontos percentuais na participação dos conteúdos de "Opinião", em relação ao espaço total ocupado por conteúdos jornalísticos. Na particularização dos dados, verifica-se que a redução de conteúdos opinativos ocorre de forma acentuada no *Jornal do Brasil* (em contraste com o crescimento percentual do espaço ocupado por conteúdos da "Informação") e de forma discreta, sem significação estatística, em *O Estado de S. Paulo*. Podemos supor que as divergências nas reações discursivas dos dois jornais refletem, de alguma forma, diferenças da relação ideológica de cada um deles com o regime militar, claramente apoiado pelo tradicional jornal de São Paulo e criticamente vigiado pelo jornal do Rio de Janeiro, então no auge de seu prestígio.

b) No decênio da abertura política, que conduziria à redemocratização, ocorre o inverso: crescem os espaços ocupados por conteúdos argumentativos. Embora não alcance os índices (33,36%) do decênio de Juscelino, Jânio e Jango (marcado pela democracia política e por intensa polêmica ideológica), o crescimento relativo dos conteúdos de "Opinião" traduz, provavelmente, a volta dos intelectuais ao espaço nobre dos jornais, para a discussão política pela liberdade.

c) A descrição estatística oferece outra perspectiva da mesma questão. Na avaliação do que a espécie Artigo representa na classe dos textos argumentativos, ocorrem as seguintes médias percentuais, por decênio: 1945/54 – 47,86%; 1955/64 – 54,44%; 1965/74 – 70,03%; 1975/84 – 64,36%; 1985/94 – 57,12%.

Aparentemente, o crescimento da média no período de maior repressão (1965/74) representa uma contradição. Mas a observação da participação particular de cada jornal revela que o crescimento relativo do Artigo na classe dos textos argumentativos deve-se à intervenção de O *Estado de S. Paulo* (81,79%) e do *Jornal da Tarde* (76,49%), dois jornais que apoiaram o regime militar. O contraste aparece, nítido, nos índices do *Jornal do Brasil*: 1955/64 – 62,51%; 1965/74 – 51,80%; 1975/84 – 63,33%.

4 O Artigo e a Reportagem são as espécies discursivas essenciais do jornalismo. É a inferência que a análise dos dados estatísticos torna inevitável.

No que se refere ao Artigo, os números já foram colocados na questão anterior, para outro tipo de reflexão. Com exceção do primeiro decênio, quando representou 47,86% dos textos argumentativos, o Artigo sempre alcançou índices superiores aos 50%. Trata-se de uma espécie que conserva intacta sua nobreza desde as origens do jornalismo, revelando-se a mais eficaz para a exposição, a discussão e a difusão de idéias, principalmente porque preserva e potencializa, como nenhuma outra espécie, o atributo da credibilidade, essencial para o sucesso das ações jornalísticas.

Os estudos sobre a amostra de 1995 confirmam a importância do Artigo na consolidação do "Projeto Folha". Nesse ano, nas três edições da *Folha de S.Paulo* estudadas, o Artigo representava 71,26% dos textos argumentativos.

Quanto à Reportagem, seu peso na classe dos textos narrativos é ainda mais significativo, pois apresenta médias decenais de participação superiores a 80%.

Eis os índices:

- 1945/54 – 79,78%
- 1955/64 – 83,57%
- 1965/74 – 93,23%
- 1975/84 – 92,80%
- 1985/94 – 86,97%

Os estudos sobre a *Folha de S.Paulo*, na amostra de 1995 (que, ao contrário da amostra maior, vai além das edições dominicais), confirmam a preponderância da Reportagem na classe dos textos narrativos, com um índice de 71,59%.

A diferença entre o índice da *Folha* em 1995 e as médias dos cinco decênios (para as quais a própria *Folha* contribuiu com índices de 99,20% (1975/84) e 88,97% (1985/94) sugere que o jornal de maiores tiragens no jornalismo diário brasileiro evoluiu também no equilíbrio e na diversificação das formas discursivas.

Ainda no que se refere à Reportagem, os estudos sobre a amostra de 1995, especialmente nos mais aprofundados, realizados na *Folha de S.Paulo*, confirmam os indícios revelados pelo estudo sobre a amostra de 1945/94, que conduziam à suspeita de que a evolução do jornalismo tornou insuficientes as tipologias de "Reportagem" classificadas por Carl Warren e Martinez Albertos.[5]

A metodologia classificatória para a identificação de subespécies foi diferente no estudo das edições de 1995. No caso específico da espécie Reportagem, em vez de se aplicar uma classificação previamente elaborada, decidiu-se que a classificação tipológica

5 Na década de 1950, Carl Warren (*Modern News Reporting*. Nova York, 1959, 3ª ed.) tipificou quatro tipos de texto para o "Relato objetivo" da atualidade: a Reportagem de Ação (*Action Story*), a Reportagem de Acontecimento (*Fact Story*), a Reportagem de Citação (*Quote Story*) e a Reportagem de Seguimento (*Follow-up Story*). Albertos aceita por inteiro a proposta de Warren, incorporando os quatro tipos de Reportagem à sua proposta classificatória de gêneros jornalísticos (ver José Luiz Martinez Albertos, *Curso general de redacción periodística*, 1992, p. 301-9).

deveria ser produzida pela identificação de subespécies nos próprios jornais. Ou seja: estabeleceu-se, como critério, que a criação de subespécies nos gêneros do discurso dá-se exclusivamente no ambiente e na competência da práxis jornalística, e não nos livros.

Embora utilizasse como ponto de partida os critérios classificatórios estabelecidos por Warren e Albertos, a grade classificatória estava aberta à detecção das manifestações da criatividade jornalística e às novidades discursivas produzidas pelas macrointerações e pela negociação de interesses que a linguagem jornalística viabiliza e organiza.

O resultado foi a identificação de quinze subespécies de Reportagem, assemelhadas na forma narrativa, mas diferenciadas por características claramente identificáveis, determinadas pela intencionalidade criativa de jornalistas e fontes, tendo em vista o sucesso da ação jornalística.

Todas as subespécies previstas por Warren e Albertos foram encontradas. Mas, entre essas subespécies, chama a atenção o fato de duas delas (a Reportagem de Ação e a Reportagem Investigativa) terem ocorrência discreta no jornalismo brasileiro.[6]

Na amostra de 1995, a Reportagem de Ação produziu o índice de 0,32% na *Folha* e de 0,0% em *O Globo*; na amostra de 1945/94, a ocorrência, em relação à totalidade da espécie Reportagem, foi de 1,75% em *O Estado de S. Paulo* e de 0,02% no *Jornal do Brasil*. No que se refere à Reportagem Investigativa, os índices foram os seguintes: na amostra de 1995, 2,32% na *Folha* e 1,73% em *O Globo*; na amostra de 1945/94, 0,20% em *O Estado* e 0,50% no *Jornal do Brasil*.

---

6 Albertos (*op. cit.*, p. 313-23) considera que existem cinco tipos de "Reportagens especiais", a saber: grande reportagem, conferências de imprensa, inquéritos, histórias de interesse humano e reportagem investigativa.

5 A importância relativa da Notícia decresceu de forma acentuada nos anos da ditadura militar. Mas os números do último decênio do período indicam uma reversão dessa tendência em todos os jornais pesquisados.

Tendo sempre como base de relação a participação na totalidade do espaço ocupado pelas espécies da Informação, o percentual médio da Notícia nos jornais pesquisados é o seguinte, ao longo dos cinco decênios da periodização:

1945/54	1955/64	1965/74	1975/84	1985/94
18,90	15,47	5,04	3,22	5,36

Não se verificam desvios significativos de tendência em nenhum dos jornais pesquisados. Por outra perspectiva estatística, não por participação relativa nas espécies da informação, mas por significação percentual da participação da Notícia na totalidade do espaço jornalístico, os índices são os seguintes:

1945/54	1955/64	1965/74	1975/84	1985/94
11,59	7,79	3,67	2,13	3,07

A curva descendente, com inversão ascendente no último decênio, confirma-se em outros cruzamentos estatísticos. A tendência de recuperação da Notícia, como espécie de Relato Jornalístico, é mais nítida na *Folha de S.Paulo*. No recorte estudado em 1995, a Notícia já representava 12,97% do espaço ocupado pelas formas narrativas do discurso jornalístico, o que, de alguma forma, confirma a suposição de que aquele jornal alcançou em

1995 um estágio de maior equilíbrio e criatividade na utilização das opções discursivas.

Como se trata de uma ocorrência manifestada no decênio 1965/74 e nos dois decênios seguintes, pode-se admitir que temos aí caracterizado mais um efeito nefasto do regime ditatorial e de sua influência sobre os processos informativos, devido à implantação, e vertiginosa expansão, de alentados serviços oficiais de relações públicas e assessoria de imprensa, mais empenhados em convencer do que em informar.[7]

6 A Coluna é uma espécie marcante na identidade discursiva do jornalismo brasileiro. Agrega características que a tornam tão eficaz tanto para a argumentação (Comentário da atualidade) quanto para a narração (Relato da atualidade). Tem, portanto, vocação híbrida, e isso também a diferencia das outras espécies.

Embora, para aplicar os critérios classificatórios de José Marques de Melo, a Coluna tenha sido classificada apenas na categoria da Opinião, colheram-se indícios suficientes, nos estudos da amostra de 1945/94, para estabelecer o caráter híbrido da espécie. Para confirmar ou negar essa suposição, usou-se a amostra de 1995, fazendo-se medições separadas para formas diferentes de registro. A espécie foi qualificada como *argumentativa* quando servia ao Comentário da atualidade, e como *narrativa* quando fazia o Relato da atualidade.

Os resultados foram os seguintes, na *Folha de S.Paulo*:

---

[7] Sobre os efeitos perversos dos esquemas de divulgação do regime militar, ver Manuel Carlos Chaparro, *A notícia (bem) tratada na fonte* (dissertação de mestrado). São Paulo, ECA/USP, p. 40-7; e Alberto Dines, *O papel do jornal*. 4ª ed. São Paulo: Summus, 1986, p. 91.

- Ocorrências na forma argumentativa – 2.565 cm² (28,16%)
- Ocorrências na forma narrativa – 6.454 cm² (71,84%)

Os números obtidos em *O Globo* são ainda mais definidos, quanto à hibridez da espécie:

- Ocorrências na forma argumentativa – 12.182 cm² (44,94%)
- Ocorrências na forma narrativa – 14.926 cm² (55,06%)

Nas características da Coluna, tem relevância especial a capacidade de potencializar a credibilidade dos conteúdos, pois, por ter autoria conhecida e especializada, a espécie agrega a respeitabilidade do autor à do jornal. É, também, provavelmente, a espécie que melhor estabelece, para o leitor, aquilo a que Tudorov chama de "expectativa de horizonte", estimuladora da busca e da leitura de conteúdos.

7 **Os dados referentes à Entrevista confirmam que essa espécie tem também traços de hibridez, mas no que se refere apenas às intencionalidades e aos efeitos dos conteúdos. As características preponderantes são as do estilo formal, e essas pertencem à narração.**

A essencialidade da forma narrativa levou o pesquisador a desprezar a hipótese da hibridez da Entrevista. A decisão foi reforçada pela leitura de vários textos dessa espécie, confirmando que o preponderante na definição estilística e na opção pela Entrevista é a eficácia do diálogo, mesmo em conteúdos com respostas estruturadas na forma argumentativa. É o diálogo que constrói os encantos narrativos da Entrevista. É a intercalação criativa de falas, idéias, provocações e saberes que transforma o leitor em destinatário da narração.

Como escreve Cremilda Medina,

um leitor, ouvinte ou telespectador sente quando determinada entrevista passa emoção, autenticidade, no discurso enunciado tanto pelo entrevistado quanto no encaminhamento das perguntas pelo entrevistador. Ocorre, com limpidez, o fenômeno da identificação, ou seja, três envolvidos (fonte de informação – repórter – receptor) se interligam numa única vivência. (Medina, 1986, p. 5-6)

E a interação mágica alcança a plenitude quando a forma do texto reconstrói o diálogo, que na definição de Edgard Morin "é mais que uma conversação mundana. É uma busca comum" (Medina, *ibid.*, p. 15).

A Entrevista começou a crescer como forma discursiva no jornalismo brasileiro depois de 1975, indicando ter aptidão especial para tempos de liberdade. Eis os números da evolução, em percentagens de participação no espaço da Informação (amostra de 1945/94):

- 1945/54 – 1,33%
- 1955/64 – 0,96%
- 1965/74 – 1,73%
- 1975/84 – 3,98%
- 1985/94 – 8,22%

Os estudos sobre a amostra de 1995 confirmam o crescimento da importância relativa da Entrevista. Na *Folha*, representava 11,56% do espaço ocupado pelas espécies narrativas.

Como espécie que também faz Relato da atualidade, a Entrevista tem eficácia particular porque, normalmente, indica temáticas e histórias interessantes. Tal como a Coluna, a Entrevista estimula as interações e interlocuções com o leitor. Além disso, é a espécie que naturalmente dá evidência à notoriedade de pessoas e temas, atributo decisivo na relevância jornalística dos conteúdos.

8 A Crônica é tempero próprio e permanente no jornalismo brasileiro.

A Crônica é, no Brasil, uma espécie que traz para as páginas do jornal o talento literário de observadores atentos e argutos do cotidiano, capazes de descobrir no detalhe de um rosto, de uma lágrima, de um sorriso, de uma esquina vazia, de uma arquibancada cheia ou de um notívago perdido a representação dos encantos e desencantos da realidade mais complexa. O cronista é o olho poético do jornal na redescoberta diária da vida. Por isso, a Crônica é jornalismo e literatura. Atém-se à atualidade, mas consegue apreendê-la e compreendê-la mais profundamente, porque ao cronista se permite usar o ferramental poético da ficção.

É assim a Crônica brasileira, bem diferente do sentido recebido na práxis jornalística em países anglo-saxônicos e, até, em países latinos. Albertos dá conta disso no jornalismo espanhol, ao definir esse tipo de texto como "um gênero híbrido, a meio caminho entre o estilo informativo e o estilo editorializante". Ele identifica no jornalismo espanhol uma variedade de subgêneros da Crônica que torna difícil uma caracterização com validade universal. No entendimento de Albertos (1992, p. 346), "são subgêneros próximos da reportagem, fazendo relatos especializados" (crônica judicial, crônica esportiva), mas com juízos de valor e liberdade expressiva em forma literária.

Nessa definição não se enquadra, portanto, a Crônica brasileira, de identidade e tradição elaboradas por nomes como Carlos Drummond de Andrade, Machado de Assis, Carlos Heitor Cony, Rachel de Queiroz, Nelson Rodrigues, Orígenes Lessa, Antonio Maria, Eneida, Adalgisa Nery, Rubem Braga, Fernando Sabino, Theófilo de Andrade, Paulo Mendes Campos, Brício de Abreu, Flávio Rangel, Sérgio Porto e Lourenço Diaféria.

A Crônica tem presença constante e nobre nos jornais brasileiros, ao longo de cinco décadas, com as seguintes médias percentuais de participação no espaço ocupado por textos argumentativos:

1945/54	1955/64	1965/74	1975/84	1985/94
3,98	2,24	2,97	1,74	2,53

O estudo sobre a amostra de 1995 indica que a Crônica tornou-se uma espécie em ascensão, pulmão ao mesmo tempo poético e crítico, arejando o perfil de um jornalismo que, depois de quinze anos de maturação na liberdade, consolidava características que identificavam um tempo novo na imprensa brasileira.

Assim, as ocorrências de Crônica identificadas na *Folha de S.Paulo* representavam 15,58% no espaço ocupado por textos argumentativos, abaixo apenas da significação estatística do Artigo.

Com os mesmos critérios, as ocorrências de Crônica em *O Globo* alcançaram o índice de 13,38% do espaço ocupado por textos argumentativos.

9 A História em Quadrinhos firmou-se, no último decênio do período, como a espécie não-jornalística de maior relevância, integrando-se definitivamente à cultura jornalística e revelando-se uma forma discursiva com aptidão para atuar, também, na crítica da atualidade. Há indícios crescentes de que evolui para ocupar um espaço próprio nas espécies do Comentário jornalístico, ao lado da Charge e da Caricatura.

O apreço brasileiro pela História em Quadrinhos, a julgar pelos espaços cedidos na imprensa diária a essa espécie não-jornalística, acentuou-se em tempos de liberdade, no decênio 1985/94. O *Estado de S. Paulo*, por exemplo, que no decênio anterior ocupara com quadrinhos 1.811 cm², aumentou esse espaço para 5.560 cm² na década seguinte. Na *Folha de S.Paulo*, o crescimento também foi significativo: dos 5.183 cm² ocupados no decênio 1975/84, subiu para 6.793 cm² no período 1985/94. Os estudos de 1995 revelaram que a valorização da História em Quadrinhos prosseguiu na *Folha*: em apenas três edições medidas, foram feitos registros de 1.975 cm².

O crescimento e a consolidação dos espaços cedidos à História em Quadrinhos serviram para projetar artistas brasileiros como Glauco, Angeli e Laerte. Principalmente Laerte, com a tira "Piratas do Tietê" e alguns trabalhos feitos para a imprensa sindical; e Luís Fernando Verissimo, que ilustra suas crônicas com tiras de traço simples e conteúdo contundente, retomaram, de alguma forma, a herança deixada por Henfil e seu "Fradinho", ao usarem a História em Quadrinhos para a crítica social e política da atualidade.

10 Há indícios suficientes para concluir que acontecimentos de alta intensidade, ápices decorrentes ou provocadores de

crises políticas, alteram o perfil comparativo das formas discursivas na imprensa diária.

Não foram percebidas quaisquer evidências de eventuais influências dos cenários culturais dos diversos subperíodos sobre as formas do discurso no jornalismo. Já as influências dos cenários políticos projetam algumas evidências nos dados estatísticos, mas sem grande significação, na medida em que podem ser considerados efeitos previsíveis, como o aumento relativo, maior ou menor, dos conteúdos informativos em acontecimentos de consequências complexas na vida da nação, ou a queda abrupta do volume de informação e opinião quando o acontecimento provoca restrições de liberdade, como a decretação do Ato Institucional nº 5, em 1968.

Ficou claro, nas observações feitas em *O Estado de S. Paulo*, o efeito contundente e imediato da censura implantada pelo AI-5. Comparando os números, em centimetragem de área ocupada, entre a edição representativa de 1968 na amostra e a edição posterior ao AI-5, verifica-se que os conteúdos opinativos caem de 8.722 cm² para 3.972 cm². E queda em proporção semelhante ocorre também nos conteúdos informativos: na edição normal, ocupavam 36.362 cm²; na edição censurada (de 14/12/68), 19.461 cm².

Outro efeito provável do período de medo implantado pelo AI-5 aparece no crescimento anormal dos conteúdos não-jornalísticos, cujo espaço ocupado cresce catorze vezes e meia em relação ao espaço ocupado por conteúdos da mesma natureza na edição representativa do ano na amostra. A centimetragem do espaço passa de 637cm² para 9.285 cm².

É interessante verificar, ainda, que normalmente ocorrem quedas acentuadas no tamanho das edições (número de páginas)

Sotaques d'aquém e d'além mar

quando os acontecimentos representam ápices decorrentes ou provocadores de crises políticas.

Com exceção da prisão de Lula, isso ocorre nas edições posteriores a todos os outros acontecimentos. São episódios politicamente traumáticos. E isso pode indicar que a provável causa da redução física das edições é a queda de publicidade, por se tratar de um mercado sensível a crises políticas.

Mesmo no caso da posse de Jânio Quadros na Presidência da República, a redução expressiva do número de páginas pode indicar uma retração do investimento publicitário, ante a perspectiva de incertezas políticas que o estilo do novo presidente e suas prometidas reformas anunciavam.

11 Entre as insuficiências e inadequações que a grade classificatória utilizada revelou, para a tipificação das classes de texto do atual jornalismo brasileiro, uma questão fundamental aflora: as espécies utilitárias daquilo a que se chama "serviço", até agora tratadas como simples tendência ou curiosidade no cenário discursivo do jornalismo, tornaram-se marca relevante, definida, essencial, nos jornais de hoje.

Como já foi dito, depois de 1985, as espécies utilitárias consolidaram-se na imprensa diária como forma discursiva do jornalismo. Nas três edições medidas e classificadas da *Folha de S. Paulo* na amostra de 1995, essas espécies representavam 21,31% do espaço dedicado ao relato da atualidade, constituindo-se, portanto, uma das marcas de definição na identidade do jornal.

Nos conteúdos utilitários estão, com formas cada vez mais criativas, as manifestações discursivas do mercado. E nesse mercado o próprio jornal se insere ostensivamente, com estratégias que exploram sucessos e para eles contribuem, no que se refere a acontecimentos, produtos, serviços e saberes. Graças à eficácia do jornalismo utilitário:

- **Organizam-se negócios, expectativas e confrontos**, por pessoas e instituições para as quais a praticidade desse jornalismo está disponível como linguagem mediadora;
- **Definem-se interesses** em movimentos de convergência ou concorrência;
- **Difundem-se produtos** da cultura e da tecnologia;
- **Democratiza-se o acesso a esses bens**. O "agora" da vida urbana massifica sinalizações que ajudam as pessoas a organizar a sobrevivência e o desfrute de cada dia. À sociedade atarantada pela turbulência das ofertas são oferecidos critérios, avaliações e roteiros que a ajuda a fazer escolhas. E assim se alarga o potencial do mercado publicitário, garantia da independência jornalística.

As explicações e as racionalizações acadêmicas não podem mais deixar à margem essa manifestação jornalística de Relato da atualidade.

12 A leitura de textos de Reportagens, Notícias, Entrevistas, Artigos e Colunas evidenciou que o Relato Jornalístico consistente acolhe cada vez mais a elucidação opinativa, e que o Comentário da atualidade exige cada vez mais a sustentação de informações qualificadas. A matriz "Opinião × Informação" perdeu, portanto, eficácia como critério categorizador de gêneros jornalísticos.

A leitura sistemática de textos narrativos e argumentativos indica que o jornalismo não se divide em Opinião e Informação. É preciso, portanto, pensar a questão dos gêneros jornalísticos por outra perspectiva, discussão proposta no próximo capítulo.

Novas formas de Relato

A PESQUISA DEIXOU CLARO que a criatividade jornalística, as interações democráticas, as razões do mercado e as novas possibilidades de linguagem criadas pelas novas tecnologias não são nem estão condicionadas por classificações acadêmicas. A busca da eficácia, tendo em vista o sucesso das ações comunicativas que o jornalismo medeia e implementa, produziu novas intencionalidades e as impôs na utilização das formas discursivas do relato da atualidade.

A diversidade de subespécies pouco ou nada tem que ver com o rigor classificatório dos gêneros jornalísticos, entendidos como formas do discurso. Mas, como curiosidade, vale a pena revelar alguns "achados" interessantes de subespécies cuja diversidade não está no plano das formas, mas na intencionalidade criativa de seu uso.

As interações políticas da democracia produziram, por exemplo, a reportagem que faz predições, e outro tipo, a que se poderia chamar "Reportagem Especulativa". A circulação de informações em *off-the-record* (passadas em confiança ao repórter, com o compromisso de preservação da fonte), num acerto de interesses entre fontes e repórteres, capacita os jornalistas a antecipar, às vezes com detalhes narrativos surpreendentes, tendências de conflitos ou movimentos, e a desvendar "jogos" de bastidores da cena política sem a citação de fontes, o que dá ao texto tom e desenvolvimento especulativos, contrariando a velha norma de só se divulgar informação comprovável. No caso da Reportagem Especulativa, por falta de fatos, o jornal e o repórter dão ao texto o aval da própria credibilidade.

A *Folha de S.Paulo* faz, freqüentemente, em seus espaços mais nobres (às vezes, até em manchetes de primeira página), tanto a predição de tendências e fatos quanto a especulação explicativa ou desvendadora de conflitos. É uma tática arriscada, seguida também por outros jornais, que exige redobrado rigor na apuração, mas que provavelmente, rende dividendos de prestígio perante o público informado pela televisão, que compra o jornal para compreender melhor e saber mais sobre a atualidade. Esse tipo de leitor busca um "agora" alargado pelas incertezas do amanhã, decorrentes da lógica da competição e do conflito que organiza a vida urbana.

Entre outras subespécies de reportagem identificadas no estudo, há pelo menos três antigas, embora não incluídas nas classificações mais conhecidas: a "Reportagem Perfil", não necessariamente vinculada a acontecimentos, que explora e desvenda, com habilidades literárias, a notoriedade de pessoas, cidades, lugares e instituições; a "Reportagem Fotográfica", que, embora pouco freqüente, quando aparece marca decisivamente as edições, graças à estética da narração visual; e a "Reportagem de Retrospectiva", com estrutura narrativa diferenciada, para buscar no passado razões de contexto para acontecimentos relevantes do **hoje** jornalístico.

A "Reportagem Didático-Educativa" e a "Reportagem Roteiro" são produtos da vocação didática e utilitária do atual jornalismo brasileiro.

A primeira, normalmente provocada por temáticas ou situações que exigem determinados comportamentos coletivos (prevenção de doenças, adesão a leis novas, cooperação com campanhas etc.) ou despertam necessidades de saberes, tem um desenvolvimento pedagógico, orientador, marcado pela clareza e, em alguns casos, pela incitação.

Já a "Reportagem Roteiro", bastante praticada em suplementos de turismo, está normalmente vinculada a esquemas de *marketing* de fontes interessadas. Por isso mesmo, quase sempre promove o lado bonito e positivo de lugares, serviços e eventos. E, para que assim seja, não existem momentos nem estágios de complicação na estrutura narrativa que adota.

Encontramos outra subespécie de Reportagem, a que se poderia chamar "Reportagem de Mercado", devido ao fato de servir a conteúdos unicamente determinados pelas razões de mercado. Está sempre vinculada ao consumo e ao gosto de quem consome, ou às ofertas e procuras de produtos, serviços, tecnologias e especializações. Esse tipo de texto enche as páginas dos suplementos de automóveis, turismo, imóveis, informática, agropecuária, empregos e outros segmentos. Caracteriza-se pelo tom utilitário e pela narração leve e agradável, na maioria das ocorrências sem intencionalidade crítica. Mas há textos críticos, relatando, por exemplo, testes ou experimentações de produtos, a cargo de repórteres, com e sem a ajuda de especialistas.

São também as razões de mercado que explicam a forte presença do *release* no espaço do Relato Jornalístico. Quer se goste ou não, quer isso represente ou não um desvio das expectativas da mediação crítica, a verdade é que o *release* invade o jornalismo diário, principalmente nos cadernos utilitários.

Foram identificados como *release* os textos que assumiam e repassavam por inteiro os interesses da fonte, mas com informações úteis e/ou interessantes sob o ponto de vista da atualidade e do acesso aos bens ou serviços divulgados. Caracterizado pelo relato descritivo e favorável de eventos, produtos ou serviços, tem como única intervenção valorativa da ação jornalística o fato de ter sido selecionado entre muitos outros provavelmente recebidos pela redação. Com a agregação da credibilidade do tratamento editorial recebido e da difusão oferecida pelo jornal em espaços considerados jornalísticos, pode supor-se que a veracidade das informações foi previamente aferida. Mas raramente se percebem indicações de que tal tenha ocorrido.

Ainda no campo do Relato, foram identificadas três subespécies de Notícia: o Resumo Descritivo (de fatos), o "Resumo-Chamada" e o "Texto-Legenda". Das três subespécies, a que maior significação estatística apresenta (82% do espaço ocupado pela espécie Notícia) é o Resumo-Chamada, identificação atribuída às chamadas de primeira página e das capas de cadernos especializados, cujos textos são cuidadosamente elaborados. Trata-se de resumos descritivo-informativos com a essência de conteúdos de grande relevância, desenvolvidos e adensados nas páginas internas, normalmente narrados em forma de Reportagem, para os quais esses resumos chamam a atenção.

Sob o ponto de vista gráfico e editorial, as primeiras páginas refletem a evolução dos jornais brasileiros. E os Resumos-Chamadas têm forma e intencionalidade discursiva que os distinguem da Notícia que se esgota em si mesma, identificada como Resumo Descritivo.

Quanto ao Texto-Legenda, é uma forma tradicional de Notícia, que agrega a eficácia documental e a estética da informação fotográfica.

3
EQUÍVOCOS

O mito que sustenta esta interminável conversação de intérpretes é, em síntese, o do significado ilimitável de um mundo de texto, um mundo de verdade a que a opinião aspira.

(KERMODE)

Origens

CORRIA O ANO DE 1702 QUANDO, em 11 de maio, o jornal inglês *The Daily Courant* veio ao mundo para ser o primeiro diário de natureza política na história do jornalismo. Só 75 anos depois surgiria o *Journal de Paris*, primeiro diário francês. Na América, o *Pennsylvania Packet* apareceria ainda mais tarde, em 1784. No universo da língua portuguesa, o primeiro jornal diário foi o *Diário Lisbonense*, lançado em 1809. E no Brasil a imprensa diária começou com o *Diário do Rio de Janeiro*, em 1821.

A importância do *Courant*, porém, vai além das datas: seu nome ficou gravado na história da imprensa por conta de uma inovação criada por seu diretor, Samuel Buckley. Mesmo sem a intenção, Buckley introduziu o conceito da objetividade no jornalismo, tornando-se o primeiro jornalista a preocupar-se com o relato preciso dos fatos, tratando as notícias como notícias, sem comentários.

Ante a crise financeira que ameaçou o *Courant* logo em seus primeiros tempos de existência, Elizabeth Mallet, fundadora do diário, chamou Buckley e confiou-lhe a missão de salvar o jornal. É o que nos conta Olson.[1]

O novo diretor criou uma estratégia e um estilo que, um século e meio depois, influenciariam todo o jornalismo mundial: separou as Notícias dos Artigos – *news* de um lado, preponderantes; *comments* do outro, para não "contaminar" as informações, porque "os leitores são capazes de refletir por eles próprios" (Tengarrinha, 1989, p. 215).

---

1 Kenneth Olson, *The history makers*, Baton Rouge, Louisiana: State University Press, 1966, p. 9 (*apud* Melo, *op. cit.*, p. 22).

A decisão criativa de Buckley ocorreu numa época moralmente conturbada da monarquia britânica. Depois de ter reinado alguns anos sozinho, o viúvo Guilherme III abdicou em 1702 e entregou o trono à cunhada Ana. Assim, no ano de nascimento do *Courant*, assumia o reino uma rainha de legitimidade duvidosa, que governou até 1714 (Wells, 1966, p. 221).

No período seguinte, as coisas não melhoraram. Os Lordes e os Comuns daquele tempo preferiam não ter reis competentes. Por isso, para substituir Ana, foram buscar na Alemanha, em 1714, alguém com remoto direito ao trono, "o eleitor de Hannover", e fizeram-no rei, sob o nome de Jorge I (1714-27). Não falava inglês, só alemão. E encheu a Corte inglesa de servidores alemães e – diz a História – de "um enxame de mulheres alemãs". Um período obscuro e de alheamento desceu sobre a vida intelectual e política do país, e disso se beneficiavam os grandes comerciantes e os senhores da terra, que sustentavam a situação.

Ao mesmo tempo, porém, as teorias de John Locke, falecido em 1706, navegavam nos movimentos revolucionários, em crescendo, espalhando as idéias liberais que haveriam de mudar o mundo. E nesse ambiente contraditório a imprensa inglesa procurava caminhos de sobrevivência, no ciclo de crises em que se deu a transferência do controle dos jornais, dos impressores para os livreiros, processo do qual o *Daily Courant* não escapou.[2]

Os problemas do *Daily Courant* eram diferentes dos de outros jornais, de periodicidade semanal ou mais dilatada. O *Courant* nasceu para noticiar as ocorrências do mundo político, en-

---

[2] Michael Harris, "The structure, ownership and control of the press, 1620-1780", in George Boyce, James Curran e Pauline Wingate, *Newspaper history – from the seventeenth century to the present day*, 1978, p. 82-97.

tre as quais tinham maior relevância as notícias das chamadas "Guerras de Marlborough".

O duque de Marlborough, general John Churchill (1650-1722), passou mais de vinte anos em guerras sucessivas, à frente das tropas inglesas, depois que, em 1690, foi encarregado por Guilherme III de submeter a rebelde Irlanda. As glórias militares fizeram dele o homem mais influente da Inglaterra durante o reinado de Ana, período em que o duque militar, em nome da rainha, declarou e aceitou guerras com diversos países europeus, entre eles a França, a Alemanha e os Países Baixos. As Guerras de Marlborough foram o grande assunto na Inglaterra entre 1702 e 1716, ano em que o duque caiu em desgraça.[3]

Por ter assumido o compromisso de relatar diariamente os fatos, em especial os das guerras, o *Courant* não poderia ser um jornal igual aos outros. E não há como negar a genialidade de Buckley ao pressupor que a lógica das interações com o leitor teria de ser outra. Mas, no entendimento de Anthony Smith, um detalhe criava "enormes riscos": a estratégia noticiosa dava ao jornal uma "aparência prolífera", sem comentários, o que talvez não correspondesse às expectativas de leitores, altamente interessados nos preliminares e no desenvolvimento das Guerras de Marlborough.[4]

Podemos supor que Samuel Buckley pretendia agregar a seu jornal uma imagem de credibilidade e independência, como condição de sucesso. O que se sabe da experiência do *Daily Courant* permite admitir que os cuidados maiores eram com a apuração dos fatos, principalmente no que toca ao rigor na esco-

---

[3] *Encyclopaedia Britannica*, v. 14, Estados Unidos, 1959, p. 922-4.
[4] Anthony Smith, "The long road to objectivity and back again: the kinds of truth we get in journalism", in George Boyce, James Curran e Pauline Wingate, *op. cit.*, p. 159.

lha das fontes. Ao comentar as virtudes do jornalismo do *Courant*, Smith (p. 159) usa a palavra "acurácia" (*accuracy*), termo que a cultura jornalística tomou emprestado da matemática e da física para definir a virtude vital da informação: exatidão garantida pelo rigor dos procedimentos de apuramento e verificação. E cita depoimento de James Perry, um dos editores do jornal, que falava da preocupação com a credibilidade das fontes para garantir substância ao relato dos fatos, "sem comentários ou conjecturas", na suposição de que o público leitor tem capacidade para "elaborar suas próprias reflexões".

O *Daily Courant* pode não ter conseguido o sucesso pretendido por Buckley, numa época em que o Artigo iniciava um longo ápice, como classe de texto predominante na imprensa. Mas, no campo da linguagem, certamente ofereceu valiosa contribuição à evolução do jornalismo – não por causa da credibilidade resultante da impossível separação entre Opinião e Informação, mas devido à eficácia provinda do rigor dos conteúdos e da clareza pedagógica que acontece na organização de textos e espaços quando se separam os Artigos (Comentários) das Notícias (Relatos).

Ilusão da objetividade

O *DAILY COURANT* DESAPARECEU EM 1735. Mas o modelo criado resistiu ao tempo. No campo da teoria, sobre a experiência criada por Buckley, a cultura jornalística criou o paradigma que até hoje divide o jornalismo em Opinião e Informação.

A rigor, talvez não se trate de um paradigma, ao menos na significação científica do termo e no sentido que Kuhn lhe atribui, ao propor a teoria de revoluções científicas. Embora a dicotomia Opinião/Informação se tenha transformado, pela tradição, em espécie de matriz reguladora de convicções conceituais que organizam e explicam o jornalismo, o modelo de Buckley, como descoberta, nem pretensão científica teve. Já o contexto da justificação, engendrado pelos pensadores do jornalismo, acabou por criar uma "lei" que produziu especialistas, encheu livros e consolidou raízes, tanto nas redações quanto nos meios acadêmicos.

Além do mais, o termo "paradigma" migrou da cultura científica para o espaço do senso comum, como sinônimo de modelo padrão. E isso também legitima seu uso, aqui.

Dogmatizado o paradigma, desenvolveram-se, como valores definitivos, conceitos que iludem os leitores, como esse de levá-los a acreditar que a paginação diferenciada dos artigos garante notícias com informação purificada, livre de pontos de vista, produzida pela devoção à objetividade. Como se tal fosse possível e até desejável.

O paradigma Opinião × Informação tem condicionado e balizado, há décadas, a discussão sobre gêneros jornalísticos, impondo-se como critério classificatório e modelo de análise para a maioria dos autores que tratam do assunto. A conservação dessa matriz reguladora esparrama efeitos que superficializam o ensino e a discussão do jornalismo, e tornam cínica sua prática profissional.

Trata-se de um falso paradigma, porque o jornalismo não se divide, mas constrói-se com informações e opiniões. Além de falso, está enrugado pela velhice.

Depois do *Daily Courant* e de Samuel Buckley, várias revoluções culturais, políticas e tecnológicas mudaram a sociedade e as interações humanas, impondo adequações aos saberes e fazeres jornalísticos. Nessa evolução, há mais de um século o jornalismo deixou de se expressar apenas por Notícias e Artigos. Nos últimos cem anos, a Reportagem, por exemplo, tornou-se a forma discursiva predominante em jornais e revistas. "A maioria do que se publica nos jornais é reportagem", diz Vivaldi (1987, p. 382) – e as pesquisas realizadas para este projeto o confirmam.

Além disso, surgiram e desenvolveram-se a entrevista e o fotojornalismo, técnicas de relato cuja eficácia, tal como acontece na reportagem, está na aptidão de associar os fatos às idéias, os dados às emoções, os acontecimentos à reflexão, os sintomas ao diagnóstico, a observação à explicação, o pressuposto à observação. O próprio desenvolvimento da diagramação e da infografia, com a utilização dos modernos recursos eletrônicos de edição gráfica, cria e amplia campos de relação interativa, dialética, entre Informação e Opinião. E disso resultam ganhos significativos para a apreensão e/ou atribuição de significados na realidade, entendida, em sua totalidade, como sinônimo de mundo, espaço do que existe e acontece e do que falta e não acontece.[5]

Não há como ajustar as formas discursivas do jornalismo ao critério que divide os textos em *informativos* e *opinativos* – até por serem coisas de esferas diferentes: na teoria dos gêneros, a divisão dos textos em classes e tipos (Artigo, Notícia, Reportagem, Entrevista, Crônica...) resulta da diversidade nas estruturas externas. As denominações identificam formas. Já as propriedades informativas e opinativas das mensagens são como substâncias na natureza do jornalismo, na medida em que se constituem su-

---

5 Aceita-se, aqui, a noção de mundo formulada na lógica de Wittgenstein (*in Tractatus logico-philosophicus*), segundo a qual a realidade corresponde à existência e à não-existência dos fatos.

portes que permanecem na totalidade da ação jornalística, quer se relate ou se comente a atualidade.

A apuração e a depuração, indispensáveis ao bom Relato, são intervenções valorativas, intencionadas por pressupostos, juízos, interesses e pontos de vista estabelecidos. Como noticiar ou deixar de noticiar algum fato sem o componente opinativo? Por outro lado, o Comentário – explicativo ou crítico – será ineficaz se não partir de fatos e dados confiáveis, rigorosamente apurados.

Não existem, pois, espaços exclusivos ou excludentes para a Opinião e a Informação, o que torna ingênuo e inútil o paradigma criado a partir das experiências de Buckley.

✍

No plano do conhecimento, é a opinião que conserva ou destrói, que preserva ou transforma. A inserção da opinião no conhecimento, como parte contraditória, é discutida na filosofia desde Sócrates, para quem as opiniões divorciadas do conhecimento eram coisas feias. Em notável ensaio, desenvolvido no campo da Teoria Literária, Kermode (1991, p. 69-92) tentou desconstruir esse conjunto, analisando-o como paradoxo, para isolar oposições. Mas, no final, reconhece que não é possível nem conveniente fazê-lo:

> *O que importa é o fato de deverem continuar a existir maneiras de induzir estas formas de atenção, mesmo que no fim se encontrem todas na dependência da opinião.* [...] *Como acredito nisto, deduzir-se-á que não consegui distinguir o conhecimento da opinião, ou mesmo aquilo que se encontra estabelecido porque está certo, daquilo que está certo apenas porque estabelecido.* (Kermode, ibid., p. 87)

Kermode deixa clara a atitude intelectual de rejeição a paradigmas racionalistas que tendem a isolar e a controlar a opinião. "O que é alguma coisa senão o valor que lhe atribuímos?" – pergunta. E finca âncoras de argumentação em certo "anarquismo epistemológico", quando admite, por exemplo, "que toda a observação se encontra dependente do pressuposto teórico" e que "tal pressuposto deve variar de época para época, de uma comunidade de interpretação para outra, e mesmo de indivíduo para indivíduo". Significa isso admitir o que algumas correntes da filosofia da ciência sustentam: que até nas ciências naturais a verdade científica depende da teoria.

O que é a teoria? Uma opinião. E se admitirmos – o raciocínio é de Kermode – que "as teorias são o que qualquer um pode ter", então, "a verdade científica é também uma questão de opinião".

A opinião, parte menor mas indispensável do conhecimento, constrói memória e esquecimento, o lado privilegiado e o lado marginal dos processos da continuidade. "É a grande criadora de cânones", verdades e certezas expandidas pela repetição, até que a conversação dos intérpretes descubra "significados originais até ali ocultos". Mesmo os estóicos, como lembra Kermode, precisaram da opinião para sentenciar que ela é sempre e inteiramente má.

Frank Kermode estimula a convicção de que até o mito da objetividade, sendo uma opinião, produz subjetividades e delas se nutre. E, se assim é na ciência, assim é no jornalismo.

Escola espanhola

A FUNÇÃO QUALITATIVA DE MAIOR relevância no jornalismo é a de atribuir valor às coisas. Sem intervenção valorativa não há ação jornalística, e isso se aprende também com

Albertos (1992, p. 288), quando este define Notícia: "É um fato verdadeiro, inédito ou atual, de interesse geral, que se comunica a um público que pode ser considerado massivo, desde que tenha sido colhido, interpretado e *valorado* pelos sujeitos promotores que controlam o meio utilizado para a difusão" – que vêm a ser os jornalistas. Ele chega a escrever que "a função valorativa é absolutamente própria e específica, em todos os níveis, do exercício do jornalismo: no plano do recolhimento das notícias [...], no plano da análise e organização das notícias [...] e no plano do ajuizamento e comentário dessas mesmas notícias" (Albertos, *ibid.*, p. 46).

Deve-se atribuir a Albertos o mérito de ser, entre os estudiosos da disciplina de gêneros jornalísticos, quem de forma mais criativa lida com o paradigma anglo-saxônico. Quase o rejeita, com sua proposta de inserir a classe dos gêneros *interpretativos* entre os *informativos* e os *opinativos*. Chega a escrever, sem ambigüidades, que sua proposta de gêneros jornalísticos contém uma revisão questionadora da

> doutrina tradicional, de inspiração anglo-saxônica, em cuja virtude as disposições admissíveis em todo o fazer jornalístico tinham uma destas finalidades: a transmissão de dados objetivos ou a emissão de juízos de valor acerca dos acontecimentos de atualidade. Os textos resultantes da primeira atitude se denominavam relatos (stories), enquanto os que respondiam ao segundo dos objetivos recebiam o nome de Artigos de Opinião (comments). (Albertos, *ibid.*, p. 227)

A revisão proposta por Albertos estabelece um nível interpretativo para o Relato Jornalístico, intermediário entre a Informação e a Opinião.

Eis o esquema:

GÊNEROS JORNALÍSTICOS

ESTILO	ATITUDE	GÊNEROS	MODALIDADES	MODO DE ESCRITA
Informativo (1º nível)	Informar/ Relatar	1. Notícia 2. Reportagem Objetiva	• Report. de Acontecimento • Report. de Ação • Report. de Citação • Report. de Seguimento	Narração/ Descrição (fatos)
Informativo (2º nível)	Interpretar/ Analisar	2. Reportagem Interpretativa 3. Crônica		Exposição (fatos e razões)
Editorializante	Opinar/ Persuadir	4. Artigo ou Comentário	• Editorial • Tópico • Coluna • (artigo assinado) • Crítica • Tribuna Livre (cartas)	Argumentação (fatos e idéias)

Albertos agrega complexidade à questão, ao caracterizar cada agrupamento por um modo próprio de escrita: a narração e a descrição para o relato de fatos (Informação); a exposição quando, para a análise, é preciso associar fatos e razões (Interpretação); e a argumentação quando, na persuasão, as razões devem produzir idéias (Opinião). Outra inovação de seu esquema é a relação entre a atitude (que poderíamos entender por intenção) de quem escreve e a função do gênero.

No esquema, ao mesmo tempo em que cria um espaço de liberdade para as duas classes de texto interpretativo (Reportagem Interpretativa e Crônica), Albertos (1992, p. 342) isola com fronteiras rígidas, sem porosidades, a informação objetiva e a opinião. E, em relação à Opinião, a radicalidade se acentua: deve ser "confinada quase religiosamente na *seção editorial*".

Podemos até relevar, como coisa menor, o paradoxo que cria a possibilidade de elaborar notícias sem juízos de valor (explícitos ou implícitos), numa cultura, a do jornalismo, caracterizada pela essencialidade da função valorativa. Mas não é possível aceitar que a interpretação possa constituir-se como categoria independente no jornalismo, reduzida a dois gêneros, que Albertos considera híbridos.

Há, aí, uma agressão ao conceito. Interpretação é um processo complicado de atribuição de significados, que vai além do autor, porque aos leitores cabe dar sentido final aos textos. Não há texto sem intenção nem leitura sem atribuição de sentidos. E nessa interação entre intenções de autoria e intenções de leitura talvez os principais intérpretes sejam os que lêem, não os que escrevem. Eco (1993, p. 29) sugere que, entre a intenção do autor (por ele considerada "freqüentemente irrelevante para a interpretação de um texto") e a intenção do intérprete (leitor), existe a *intenção do texto*.

Talvez se possa dizer que essa terceira possibilidade é a que organiza e dinamiza o **todo** interpretativo do jornalismo, cujos textos relatam ou comentam uma realidade que é a dos leitores, mas reelaborada, por critérios jornalísticos, com dados, fatos, depoimentos e pontos de vista colhidos em fontes interessadas. Nessa macrointerlocução, as fontes também inserem pontos de vista e elementos interpretativos, que a mediação crítica organiza para a difusão social. E tudo isso interage na construção de um mesmo processo cognitivo, do qual nem os artigos podem ser excluídos.

A interpretação que Albertos nos propõe limita-se à construção literária, em dois tipos de texto, e à capacidade jornalística de compreender e explicar a atualidade. Nesse entendimento, fontes e leitores são agentes passivos, sujeitos esquecidos.

Sotaques d'aquém e d'além mar

Gomis (1991, p. 38), autor também importante da escola espanhola, entende a questão de maneira diferente. Para ele, o jornalismo, em seu todo, "é um método de interpretação sucessiva da realidade social".

Palacio (1984, p. 17) trabalha igualmente o conceito de jornalismo como "um método de interpretação" e explica por quê:

Primeiro, porque escolhe entre tudo o que se passa aquilo que considera "interessante". Segundo, porque traduz a uma linguagem inteligível cada unidade que decide isolar (notícia) e, além disso, distingue nela o que é mais interessante [...] e o que é menos interessante.

Terceiro, porque, além de comunicar as informações assim elaboradas, trata também de situá-las e ambientá-las para que se compreendam (Reportagem, Crônica) e de explicá-las e julgá-las (Editorial e, em geral, Comentários).

E vale a pena retornar a Kermode (1991, p. 77), para sustentarmos o entendimento de que a opinião, conectada aos pressupostos do conhecimento ou da tradição, anima o contexto interpretativo do jornalismo:

Aqueles elos e cruzamentos infinitos de significados, aquelas condensações e deslocações a que a interpretação normativa dá importância, são tantos quantos os que se podem encontrar no mundo da criação [...]. O mito que sustenta esta interminável conversação de intérpretes é, em síntese, o do significado ilimitável de um mundo de texto, um mundo de verdade a que a opinião aspira.

O mundo de verdade que dá significação ao texto é um mundo de ajustamentos dinâmicos, em contextos reais, com múltiplos sujeitos (todos interessados) e muitas verdades – verdades de quem escreve, de quem lê, de quem informa, de quem comenta, de quem fala, de quem ouve... Há uma estratégia dialética de interações, em que cada partícipe entra com as aspirações criadas pela respectiva opinião. E a interpretação dá-se por acordos e conflitos, por compreensões e incompreensões, por rejeições e aceitações, por desconfianças e crenças.

É em sua totalidade interpretativa que o jornalismo se realiza, como espaço e processo cultural.

Proposta brasileira

NO AMBIENTE DA LÍNGUA PORTUGUESA, a obra mais importante sobre gêneros jornalísticos é de José Marques de Melo, o já citado livro A *opinião no jornalismo brasileiro*. Trata-se de estudo publicado em 1985 (reeditado em 1994 sem alterações substanciais), no qual o autor propõe uma classificação que reafirma o paradigma anglo-saxônico, dividindo os textos jornalísticos nas categorias **Informação** e **Opinião**. A relação de lógica classificatória, hierárquica, entre *categoria* e *gênero* é justificada por Melo (1994, p. 38) pela evolução histórica do jornalismo, da qual resultou a "necessidade sociopolítica de distinguir os fatos (*news/stories*) das versões (*comments*), ou seja, delimitar os textos que continham opiniões explícitas".

A originalidade da proposta de Marques de Melo está nos critérios que usa para estabelecer sua proposta de classificação.

Ele entende, preliminarmente, que um gênero jornalístico se caracteriza pelo "conjunto das circunstâncias que determinam o relato que a instituição jornalística difunde", rejeitando critérios de autores (como Luiz Beltrão) que identificam gêneros com base nos códigos em que a mensagem se expressa. Para exemplificar, escreve Melo (p. 61):

> [...] *a fotografia ou o desenho são perfeitamente identificáveis como notícias (quando apreendem a faceta privilegiada de um fato), como complemento de notícias (e aí a notícia é compreendida como uma estrutura articulada entre texto e imagem) ou como reportagem (quando as imagens são suficientes para narrar os acontecimentos).*

O autor aceita como válida, porém, "a autonomia da opinião ilustrada (Caricatura), por se tratar de uma forma de expressão que ficou reduzida à imagem no nosso jornalismo".

Depois, para organizar sua classificação, Melo estabelece que as duas categorias em que agrupa os gêneros jornalísticos "correspondem à intencionalidade determinante dos relatos". Nesse sentido, o autor identifica duas vertentes: a vertente da "reprodução do real" (Informação) e a vertente da "leitura do real" (Opinião). Explicação: "Reproduzir o real significa descrevê-lo jornalisticamente a partir de dois parâmetros: o atual e o novo. Ler o real significa identificar o valor do atual e do novo na conjuntura que nutre e transforma os processos jornalísticos" (Melo, p. 62).

No reforço da proposta, Marques de Melo defende a idéia de que o jornalismo articula-se em função de dois núcleos de interesse: a descrição e a versão dos fatos, a que chama de "modalidades". Com base nessa visão, propõe e defende a bifurcação dos gêneros jornalísticos, agrupando-os nas categorias do Jornalismo Informativo e do Jornalismo Opinativo. Ressalve-se, entretanto, que seu estudo se aplica particularmente ao jornalismo brasileiro.

A divisão dos textos jornalísticos em duas categorias deriva da convicção (essa é a segunda linha de argumentação com que Melo sustenta sua proposta) de que os gêneros jornalísticos identificam-se com base na natureza estrutural dos relatos observável nos processos jornalísticos. E explica assim seu ponto de vista (Melo, p. 64):

> Os gêneros que correspondem ao universo da informação estruturam-se a partir de um referencial exterior à instituição jornalística: sua expressão depende diretamente da eclosão e evolução dos acontecimentos e da relação que os mediadores profissionais (jornalistas) estabelecem em relação aos protagonistas (personalidades e organizações). Já no caso dos gêneros que se agrupam na área da opinião, a estrutura da mensagem é co-determinada por variáveis controladas pela instituição jornalística e que assumem duas feições: a autoria (quem emite a opinião) e a angulagem (perspectiva temporal ou espacial que dá sentido à opinião).

Com tais premissas, Marques de Melo propõe uma classificação com a listagem de doze gêneros, já referida anteriormente, mas que neste momento convém reproduzir, para outros comentários:

GÊNEROS INFORMATIVOS	GÊNEROS OPINATIVOS
Nota Notícia Reportagem Entrevista	Editorial Comentário Artigo Resenha Coluna Crônica Caricatura Carta

Sotaques d'aquém e d'além mar

A quantidade de gêneros da grade classificatória torna inevitável a similaridade entre vários deles. Em alguns casos, as semelhanças são bem mais acentuadas do que as diferenças, o que, no mínimo, não se harmoniza com o entendimento predominante que a filosofia e a literatura têm da questão dos gêneros: eles definem-se pelas diferenças formais entre si. Talvez por isso, quando caracteriza os gêneros incluídos em sua proposta, o autor recorre a critérios que nada têm que ver com a forma dos textos.

Na categoria dos gêneros que reproduzem o real, para Melo, a diferença entre Nota, Notícia e Reportagem está "na progressão dos acontecimentos, sua captação pela instituição jornalística e a acessibilidade de que goza o público". Introduz-se, assim, entre as razões, um novo critério, o da temporalidade: a Nota faz "o relato de acontecimentos que estão em processo de configuração"; a Notícia, "o relato integral de um fato que já eclodiu no organismo social"; a Reportagem, "o relato ampliado de um acontecimento que já repercutiu no organismo social e produziu alterações que são percebidas pela instituição jornalística". Já a Entrevista, para o autor, é "um relato que privilegia um ou mais protagonistas do acontecer, possibilitando-lhe um contato direto com a coletividade".

Na categoria dos gêneros opinativos, para diferenciar e caracterizar as classes de texto, Melo (p. 66-7) inclui em sua lógica, além da temporalidade, critérios de angulagem e autoria, criando uma variedade argumentativa que exige detalhamento nas explicações. Assim:

- O Comentário, o Artigo e a Resenha pressupõem autoria definida e explicitada; o Editorial não tem autoria, por ser espaço da opinião da instituição jornalística.

- O Comentário e o Editorial estruturam-se segundo uma angulagem temporal que exige continuidade e imediatismo, o que não acontece com a Resenha e o Artigo. Estes dois últimos gêneros, para Melo, aproximam-se, também, pelo fato de serem classes de texto "cuja angulagem é determinada pelo critério de competência dos autores".
- Em relação à Coluna, à Crônica e à Carta, um traço comum é a identificação da autoria.

Já as angulagens são diferentes. A Coluna e a Caricatura emitem opiniões temporalmente contínuas, sincronizadas com o emergir e o repercutir dos acontecimentos. A Crônica e a Carta estruturam-se de modo temporalmente mais defasado; vinculam-se diretamente aos fatos que estão a acontecer, mas seguem-lhe o rasto, ou melhor, não coincidem com seu momento eclosivo.

Pensamos que a temporalidade e a angulagem não são critérios adequados para conceituar nem para caracterizar gêneros jornalísticos. Se deixarmos de considerar os fatos imprevisíveis e não programados, que ocupam cada vez menos espaço nas preocupações e nas páginas da imprensa diária, será fácil verificar que a temporalidade dos acontecimentos está vinculada a ações estratégicas de instituições e grupos, das quais o relato e a difusão jornalística fazem parte. As agendas jornalísticas são diariamente nutridas pela previsão de acontecimentos que se desdobrarão em vários momentos e fases de eclosão, interdependentes e com relevância específica, para que o crescendo da ação conduza ao ápice em etapas progressivas, concretizadas nos momentos certos. Para que haja sincronismo entre a dimensão material e a dimensão comunicativa, o acontecimento articula-se e desenvolve-se em fatos sucessivos, aos quais os objetivos de sucesso impõem que se agreguem atributos que os tornem jornalisticamente interessantes.[6] Nesse percurso ocorrem falas, eventos, decisões, conflitos, perguntas, respostas, ocorrências previstas ou inesperadas, com causas e efeitos que tanto podem justificar a Notícia, quanto a Reportagem, a Entrevista ou o Artigo antes, durante ou depois da eclosão do acontecimento na sociedade.

Quanto aos ângulos de abordagem, eles resultam da inspiração e da criatividade de quem escreve, do aproveitamento literário de detalhes, para seduzir leitores ou acentuar a atribuição de significados aos fatos. Em relação à evolução temporal dos acontecimentos, o que muda é a estratégia narrativa, não o ângulo.

Além disso, com exceção da crônica – texto de autor que exige liberdade plena para a rebeldia estilística, e por isso não se acomoda em classificações –, o texto jornalístico é sempre produto de múltiplas interações inteligentes e intencionadas, entre jornalistas e fontes que têm informações, ou saberes, ou emoções, ou pontos de vista que interessam aos conteúdos e ajudam a construí-los. Pergunte a qualquer bom colunista, articulista, editorialista ou repórter quantas horas por semana ocupa em conversas com pessoas qualificadas e confiáveis – o que em nada reduz, mas aumenta, o mérito do trabalho jornalístico.

Revelações da práxis

AS INVESTIGAÇÕES REALIZADAS sobre a evolução dos gêneros jornalísticos na imprensa brasileira entre 1945 e 1995

---

6 Sobre teoria do acontecimento e efemerologia, ver Josep Maria Casasús, *Iniciación a la periodística*, 1998, p. 52-3 e 85-97.

produziram, entre outras, a evidência de que os conceitos de "Opinião" e "Informação" perderam eficácia (se é que alguma vez a tiveram) como critérios para categorizar gêneros jornalísticos.

A leitura de uma quantidade significativa de textos jornalísticos (o equivalente a 6.600.000 cm² de área impressa) demonstrou que o Relato Jornalístico acolhe cada vez mais a elucidação opinativa, e que o Comentário da atualidade exige cada vez mais a sustentação de informações qualificadas. Surgiu daí a convicção de que seriam necessárias novas buscas, teóricas e de observação, para um novo entendimento da questão dos gêneros jornalísticos.

Em face da dinâmica e do grau de complicação das interações que o jornalismo viabiliza no mundo atual, já não é possível explicar e entender a ação discursiva do jornalismo pela dicotomia Opinião X Informação. Qualquer leitura de jornal ou revista de grande circulação deixa evidente que as fronteiras entre Opinião e Informação são destruídas pela inevitabilidade da valoração jornalística, por sua vez influenciada pela interferência interessada e legítima dos vários sujeitos do processo – tanto no Relato quanto no Comentário da atualidade.

Na pesquisa foram lidos, medidos e classificados textos de 164 edições dominicais dos quatro jornais diários brasileiros considerados de maior prestígio e influência em cada decênio da periodização adotada. No percurso dessas leituras detectou-se, à exaustão, o que facilmente se pode detectar na leitura de qualquer jornal diário de qualquer época: a evidência de que Informação e Opinião integram – como partes solidárias, interativas, complementares, reciprocamente inevitáveis – o TODO do jornalismo e o INTRÍNSECO de cada tipo de texto.

São comuns, no jornalismo diário, aberturas de reportagem como esta, extraída de um recorte guardado no baú dos exemplos:

Há um cheiro de recessão no ar. Mas é só cheiro mesmo, já que, afinal, não se pode falar em recessão num ano em que o país deve registrar um crescimento de 5% do Produto Interno Bruto (PIB).

O que temos aí é a introdução de uma reportagem toda ela tecida com fios de Opinião e Informação, cruzados por um ponto de vista de quem pensou e escreveu o texto. Onde termina a Informação e começa a Opinião? Ou melhor, já que a intervenção opinativa tem início na primeira frase: onde termina a Opinião e começa a Informação?

Entretanto, sob o ponto de vista formal, o texto conserva do começo ao fim a estrutura externa de narrativa, própria da espécie Reportagem.

Em todas as boas manifestações discursivas do jornalismo, os títulos resumem com precisão e honestidade não apenas as informações ou opiniões dos conteúdos, mas também as significações que lhes dão relevância. Assim como a abertura de boas reportagens, os títulos que anunciam e resumem os conteúdos jornalísticos são produzidos pela lucidez opinativa de quem pensa e escreve, quer a ação seja a de narrar ou a de argumentar.

É o filtro opinativo que determina, por exemplo, o estilo e a intensidade de títulos e textos, no diversificado conteúdo das crônicas de atualidade assinadas por Elio Gaspari, nos vários jornais que o publicam. Em Elio Gaspari, está no vigor literário das combinações entre informações e pontos de vista a arte jornalística de, em jogos imbrincados de denotação e conotação, atribuir ou propor significados aos fatos, para que sejam compreendidos e avaliados.

No colunismo, o conceituado Joelmir Beting opina assim, sempre apoiado em informações precisas – e pouco importa a data do texto:

Nos móveis, a importação concentra-se no segmento de luxo. Frescura. A exportação parou nos US$ 300 milhões. É que o Brasil prefere exportar madeira: US$ 1 bilhão. Além de exportar com baixo valor agregado, isso encarece a matéria-prima para o mercado interno.

Para onde iria esse texto, nas arrumações classificatórias do velho paradigma – para a categoria dos textos informativos ou para a dos textos opinativos?

Informação e Opinião estão inevitavelmente associadas em qualquer texto jornalístico, até porque não existe texto dissociado da ação de pensar. E assim como, nas artes do narrar, são os critérios subjetivos (ou seja, as idéias) que determinam escolhas e hierarquias dos fatos, nos textos da argumentação o que dá clareza às idéias é a contundência dos fatos.

⌣

A cultura jornalística produziu, pois, um equívoco. Até a Notícia dita objetiva, construída com informação "pura", resulta de seleções e exclusões deliberadas, controladas pela competência opinativa do jornalista. E, no extremo oposto, é claramente inadequado usar o conceito de Artigo como equivalente ao de Opinião.

Opinião é ajuizamento, atribuição de valor a alguma coisa, ponto de vista, pressuposto, modo de ver, de pensar, de deliberar. Já o termo "Artigo", no plano da linguagem, identifica um tipo de texto organizado em esquemas argumentativos, adequados para a estruturação de comentários. Ou seja: Artigo está na dimensão da forma; Opinião, na dimensão do conteúdo. E o mesmo raciocínio se pode aplicar ao paralelismo entre a Informação (conteúdo) e os diversos tipos de texto do Relato Jornalístico, organizados em esquemas narrativos (forma).

Quando Samuel Buckey decidiu separar as Notícias (*news*) dos Comentários (*comments*), não levantou qualquer barreira entre Opinião e Informação, ainda que tivesse pensado fazê-lo. O que ele separou foram dois tipos de texto, um com estrutura formal argumentativa, outro com estrutura formal narrativa. Nos conteúdos, porém, e nas intencionalidades, lá estão informação e opinião, substâncias que permanecem, interativas, na totalidade do jornalismo, para que nele se conserve a característica essencial, a de ser linguagem asseverativa.

No "policiamento" da opinião, que os crentes da objetividade fazem, é claramente identificável um viés moralista, como se a opinião, por si só, tornasse suspeita a informação. E a questão não é moral nem ética, mas técnica: para o relato dos acontecimentos, a narração é mais eficaz. Ao relatar, narra-se uma história, com suas complicações e seus sucessos, mas os juízos de valor estão lá, **explícitos**, nas falas (escolhidas) dos personagens, às vezes até na agressividade dos títulos; e **implícitos**, nas intencionalidades preexistentes das estratégias autorais e nas intencionalidades adquiridas pelo próprio texto.

Há, pois, de dar início a uma nova discussão sobre a teoria dos gêneros jornalísticos, ancorando-a nas ciências da linguagem, porque gêneros são formas do discurso.

Na visão pragmática, *formas de dizer para fazer* – o que explica, no jornalismo, a importância da eficácia.

4
DISCURSO EM DOIS GÊNEROS

Ignorar o emprego "comprometido" das palavras significa ignorar a própria linguagem, pois falar uma língua [...] consiste na realização de atos de fala, de acordo com regras, e nada há que separe esses atos de fala dos compromissos a que dão origem [...].

(JOHN R. SEARLE)

Conexões teóricas

DA PESQUISA SOBRE A EVOLUÇÃO das formas discursivas na imprensa diária brasileira, além das evidências já descritas, e com elas, resultou a certeza de que a cultura jornalística pensa equivocadamente a questão dos gêneros. Duas verificações bastam à sustentação da certeza:

1) De acordo com o descrito no capítulo anterior, a leitura dos textos pesquisados evidencia que a consistência do Relato Jornalístico exige cada vez mais a elucidação opinativa, assim como a clareza e o sentido do comentário dependem da qualidade das informações que lhe dão sustentação. As chamadas categorias da Opinião e da Informação deixaram, pois, de ter eficácia como produtoras de critérios para a tipificação de formas discursivas, do que resultam inconsistências e contradições entre o que aflora na leitura dos jornais e o que as classificações acadêmicas de gêneros propõem. Fora as razões de entendimento sobre o conceito de Opinião (há opinião em todas as decisões e em cada momento de atribuição de valor aos fatos e às coisas), a observação da práxis tornou evidente a superação do paradigma segundo o qual o jornalismo se divide e organiza em textos opinativos e informativos. Existe clara incompatibilidade entre a rigidez do paradigma e a essencialidade da função valorativa que a cultura e a sociedade atribuem à ação jornalística.

2) Entre as insuficiências e inadequações que os critérios tradicionais revelaram para a tipificação das formas discursivas do atual jornalismo brasileiro, uma adquire relevância acentuada: a in-

capacidade de classificar as espécies utilitárias, aquilo a que vulgarmente se chama "serviço", até agora tratadas como simples tendência ou curiosidade. Entretanto, a significação da participação dessas espécies nos espaços ocupados pelos conteúdos jornalísticos impõe sua caracterização como manifestação discursiva. São formas adequadas de mediação para solicitações concretas da vida urbana, nos planos do negócio, da cultura, do consumo, do lazer, do acesso a bens e serviços, na ordenação de preferências e movimentos, nas estratégias e táticas da sobrevivência. As espécies utilitárias deixaram de ser manifestações secundárias no relato da atualidade. Por isso, há de entendê-las e classificá-las como formas do discurso, no jornalismo.

As evidências e conclusões da pesquisa realizada no Brasil, entre 1992 e 1995, orientaram rumos na fase seguinte dos estudos, com observações mais aprofundadas de textos jornalísticos, desta vez também em jornais portugueses (*Correio da Manhã, Diário de Notícias, Jornal de Notícias* e *Público*), e com buscas teóricas, principalmente em autores das ciências da linguagem.

O que se objetivava – como resultado da revisão bibliográfica, da reflexão teórica e da leitura avaliativa dos jornais – era a definição de razões e critérios para um novo entendimento da questão dos gêneros jornalísticos. Por decorrência, pretendia-se chegar a uma classificação também nova dos gêneros do discurso jornalístico para aplicação concreta na pesquisa que a seguir seria feita – comparação de formas discursivas entre a imprensa diária de Portugal e do Brasil.

Na teoria literária, Lima (1983, p. 237-74) oferece ampla revisão bibliográfica sobre o tema, desde Platão (a quem se atribui a primeira referência sobre gêneros) e Aristóteles (que, ao dividir a poética em Tragédia e Comédia e ao referir-se ao "épico" Homero, demarcou nitidamente os gêneros) até autores deste século, entre os quais Dedalus, que deu uma direção morfológica à discussão, redividindo a arte em modo épica, forma lírica e forma dramática. Lima passa por Goethe, que, depois de analisar as inúmeras variedades poéticas, apresentou as "formas naturais" do poético (a forma claramente narrativa, a forma que move o entusiasmo e a forma que age de modo pessoal, esta dividida em epos, lírica e drama). Passa também por Propp, que estudou as propriedades da narratividade; e por Staiger, que combinou as "formas naturais" de Goethe com outras correntes para determinar as "qualidades simples" do poético (lírico, épico e dramático, mas numa caracterização fundamentalmente ontológica).

O épico, o lírico e o dramático resistiram ao tempo, nas diversas outras abordagens posteriores a Staiger. Apenas um autor inovou: Northrop Frye, que propôs o acréscimo da Ficção no elenco dos gêneros literários.

A esparramada discussão ganha consistência com Todorov (1980, p. 43-58), que coloca o estudo dos gêneros no universo do discurso, definindo-os como "tipologia estrutural dos discursos". E a partir dessa definição o autor produz conceitos aplicáveis tanto ao caso particular do discurso literário quanto ao discurso jornalístico, que, pela mesma lógica, é também um caso particular.

Todorov ilumina a reflexão ao propor que gêneros são classes de texto com propriedades comuns. Mas adverte que as denominações, se tomadas como base exclusiva, são insuficientes para a caracterização dos gêneros, porque haverá o risco de se confundir "tipo" com "gênero". E também porque há gêneros que ja-

mais recebem nome; e há outros que foram confundidos sob nome único, a despeito das diferenças de propriedades.
Para Todorov (1980, p. 48), a questão das propriedades é fundamental:

Numa sociedade, institucionaliza-se a recorrência de certas propriedades discursivas e os textos individuais são produzidos e percebidos em relação à norma que esta codificação constitui. Um gênero, literário ou não, nada mais é do que essa codificação de propriedades discursivas.

Todorov (*ibid.*, p. 48) ensina que um gênero pode ser caracterizado por um número maior ou menor de propriedades. E aí está implícita a noção de que os gêneros se formam pela existência de propriedades comuns nos tipos e se diferenciam entre si pela "oposição" das propriedades:

a canção se opõe ao poema por aspectos fonéticos; o soneto é diferente da balada em sua fonologia; a narrativa de suspense difere do romance policial clássico pelo agenciamento de sua intriga; a autobiografia se distingue do romance pelo fato de o autor pretender contar fatos e não construir ficções.

O mesmo autor lembra que, na literatura, os novos gêneros nascem das transgressões. Vista do passado, toda a evolução é uma degradação; vista do presente, é a criação de novos sistemas. A transgressão está quase sempre na mistura ou combinação de propriedades. Exemplo: a Tragicomédia.

Outro aspecto importante na análise de Todorov (*ibid.*, p. 49): como instituição, gêneros são *horizontes de expectativas* para os leitores e *modelos de escrita* para o autor.

Por um lado, os autores escrevem em função do (o que não quer dizer de acordo com o) *sistema genérico existente*, aquilo que podem testemunhar no texto ou fora dele, ou, até mesmo, de certa forma, entre os dois [...]. Por outro lado, os leitores lêem em função do sistema genérico que conhecem pela crítica, pela escola, pelo sistema de difusão do livro ou simplesmente por ouvir dizer [...].

Na etimologia, a palavra tem definição precisa: "discurso" vem de *dis* e *curro*, da raiz sânscrita *karr*, correr. Discursar é *discorrer*, correr *dis*, daqui para ali. Mas os estudos do discurso percorrem vários campos teóricos, o que dá à palavra alto nível de ambigüidade. Na dicionarização do termo, Greimas e Courtés (p. 130) passam por onze vertentes explicativas: o processo semiótico, o enunciado, o das gramáticas frasais, o da gramática do discurso, o da teoria geral da linguagem, o da enunciação, o da comunicação, o da lingüística, o da conotação social, o da semiótica literária e o de dimensão pragmática e/ou cognitiva.

O objeto em estudo exigia escolhas. E optou-se pelo campo teórico da pragmática, por se considerar que aí se situa o entendimento preferencial que temos de jornalismo – linguagem macrointerlocutória que, tendo em vista a preservação e o aperfeiçoamento da vida humana, realiza e viabiliza intervenções interessadas na atualidade, com efeitos desorganizativos, reorganizativos e/ou explicativos, que alteram o mundo real e presente das pessoas.

A complexidade da sociedade moderna, assentada em redes crescentemente interativas de trocas de interesses e intencionalidades, projeta-se inevitavelmente na dinâmica dos processos de criação e produção jornalística. Na atualidade estampada nas páginas dos jornais, e por eles avaliada, têm predominância o Relato e o Comentário de acontecimentos programados, previsíveis, controlados e/ou influenciados por sujeitos competentes e interessados. E o acontecimento alcança seu ápice quando é estrategicamente divulgado, pois só então se realiza em seu significado (político, econômico, cultural, científico, utilitário...). É o que Casasús (1991, p. 88) chama de "dimensão comunicativa" do acontecimento.

O Relato Jornalístico faz, portanto, parte do acontecimento, potencializando-lhe os efeitos transformadores, como processo capaz de alterar o estado das coisas, agindo sobre elas.

A pragmática relaciona-se com a categoria da contextualização. Como diz Lamiquiz (1985, p. 179): "Pragmática é o fenômeno das relações dos elementos discursivos com os usuários, falante produtor e ouvinte interpretador do enunciado e com as condições ambientais em que se produz a intercomunicação".

Explica Van Dijk (1983, p. 83) que "os atos de fala podem ter êxito ou fracassar num contexto concreto" e "a pragmática ocupa-se, entre outras coisas, da formulação de tais condições para o êxito dos atos de fala" – condições que "estão relacionadas com os conhecimentos, os desejos e as obrigações dos falantes".

Para estabelecer conexões entre gêneros jornalísticos e pragmática é preciso ir além das ações lingüísticas simples. Romper os limites da frase. E Van Dijk (*ibid.*, p. 227) abre percursos novos, ao introduzir na temática conceitos de macroação lingüística e macroestrutura pragmática para a elaboração cognitiva das interações lingüísticas complicadas.

Assumiu-se, pois, a convicção de que está na pragmática o campo teórico adequado para a discussão sobre gêneros do discurso, no jornalismo. E, ao definir discurso na perspectiva pragmática, Stubbs classifica-o como "acontecimento manifestado em comportamentos lingüísticos e não lingüísticos", que se refere ao modo "como os significados são atribuídos e trocados por interlocutores em contextos sociais".[1]

É idéia que se opõe à noção de texto, pertencente ao domínio do sistema lingüístico. "O discurso pertence ao domínio da linguagem e é visto como processo", conclui Stubbs.

Na mesma perspectiva, Helena Brandão (1994, p. 89) diz que "a linguagem, enquanto discurso, é interação, um modo de produção social" e por isso tem intencionalidades – "não é neutra nem inocente", nem é natural ("manifesta ideologias"). E Ducrot diria que "não se fala por nada".[2]

Essas definições abrem espaço para a precisão de Ricoeur (1988, p. 11): "Pelo discurso, o homem diz o seu fazer". Logo, e isto continua a ser Ricoeur, o discurso tem como categorias essenciais a intenção, os motivos, o agente e a responsabilidade.

۵

Teun van Dijk elabora pontes entre a pragmática e o jornalismo, produzindo um instrumento de análise e explicação precioso para a compreensão da ação jornalística. E a importância de sua contribuição para o estudo dos gêneros jornalísticos amplia-se com a proposta de **superestruturas** e **macroestruturas**.

"Superestrutura é um tipo de esquema abstrato que estabelece a ordem global de um texto e que se compõe de categorias cujas possibilidades de combinação se baseiam em regras de formação convencionais (esquemas)." Macroestruturas são "estruturas se-

---

[1] M. Stubbs, "Discourse analysis: the sociolinguistic analysis of natural language". Chicago: The University of Chicago Press, 1883, *apud* Maria Francisca Xavier e Maria Helena Mateus, *Dicionário de termos lingüísticos*, 1990, p. 129.
[2] Sobre as leis do discurso, ver Ducrot, *O dizer e o dito*, 1987, p. 89-106.

Sotaques d'aquém e d'além mar

mânticas num nível mais global", decisivas para a "compreensão real do texto". Pertencem ao campo da semântica textual.[3] Temos, assim, que as superestruturas pertencem à ordem externa do texto, e as macroestruturas, à ordem interna do texto. A superestrutura relaciona-se com a forma; a macroestrutura, com o conteúdo.

Logo, Van Dijk coloca a questão dos gêneros no âmbito das superestruturas e afirma que o discurso jornalístico se organiza em dois tipos de esquemas das superestruturas: a) esquemas da Narração, para o Relato dos acontecimentos; b) esquemas da Argumentação, para o Comentário dos acontecimentos.

Em sua gramática do Relato, Van Dijk propõe aquelas que poderiam ser consideradas as propriedades das espécies que usam os esquemas da Narração: *Resumo, Exposição, Complicação, Desenlace e Conclusão Moral ("Moraleja")*.

Já os esquemas da Argumentação servem à lógica "Problema-Solução", cuja estruturação (percurso *Hipóteses/Conclusão*) se desdobra num encadeamento de relações entre elementos como probabilidade, credibilidade, possibilidade, necessidade, legitimidade e suposição. As propriedades superestruturais do esquema argumentativo vão da justificação à conclusão, desdobrando-se as regras da justificação em propriedades como *marco, circunstâncias, ponto de partida, fatos, legitimidade* e *reforço*.

Além dos esquemas narrativos e argumentativos, Van Dijk identifica no discurso jornalístico também algumas formas que utilizam esquemas práticos, usando como exemplo os índices financeiros e o movimento de navios.

---

3 Entre alguns autores (Labov, Isenberg e Adam) que lidam com o conceito de superestruturas na gramática do relato, optamos por Teun van Dijk, por ser o que trata da questão conectando-a com o jornalismo.

Manuel Carlos Chaparro

Razões da cultura jornalística

DA CULTURA JORNALÍSTICA HÁ de também recolher elementos e saberes que ajudam a iluminar a questão. Vejamos.

- Relato de fatos – Quem primeiro falou de Relatos Jornalísticos talvez tenha sido Tobias Peucer, a quem Casasús (1991, p. 45-9) chama de "nosso primeiro doutor". Peucer teve sua tese publicada em 1690, na Catalunha e em catalão, e nela registra a descoberta de fenômenos aos quais atribui a origem do jornalismo – alguns anteriores ao século XV, quando Gutenberg inventou primeiro os tipos móveis, depois a prensa aperfeiçoada.[4]

Peucer chamou esses fenômenos de Relatos de fatos.

Há quem considere Peucer o MacLuhan do século XVII. Talvez estejam certos. Peucer deixou conselhos a respeito da seleção, valoração e semantização das notícias. Recomendava, por esta ordem:

- Eleger acontecimentos com altos índices de novidade, atualidade e interesse público.
- Eleger acontecimentos que tenham certo grau de excepcionalidade, descartando os fatos comuns.
- Magnificar fatos que sejam memoráveis e de interesse específico.

Peucer propôs, também, soluções de estrutura externa para o texto. Mas, nesse campo, era partidário da liberdade quase absoluta.

---

4 Embora a história guarde o nome de Johann Gutenberg como inventor dos tipos móveis e da primeira máquina moderna de impressão, uma controvérsia divide os historiadores. Alguns atribuem ao holandês Laurens Janszoon Coster, contemporâneo de Gutenberg, o mérito de ter criado, primeiro, os tipos móveis de madeira. O certo é que, em 1455 ou 1456, com tipos móveis fundidos em chumbo, uma prensa aperfeiçoada e o dinheiro do seu sócio Johann Fust, Gutenberg imprimiu a *Bíblia latina*, com 1.282 páginas, em dois volumes.

- **Jornalismo é relato** – Emery, Ault e Agee, citados por Melo (1994, p. 24-5), definiram o jornalismo como

  o Relato dos fatos como eles se apresentam no momento do registro, não um estudo definitivo de uma situação. [...] *Historicamente, o jornalismo tem sido identificado pela sociedade como responsável por duas funções: relatar as notícias e oferecer interpretação e opinião baseada nas notícias.*

- **Duas classes de texto** – A despeito de propor a existência de quatro gêneros jornalísticos (Notícia, Reportagem, Crônica e Artigo), Albertos (1991, p. 267) escreve em sua obra:

  Num jornalismo corretamente desenvolvido, a informação e a interpretação jornalísticas desembocam em um tipo peculiar de textos que globalmente devem ser qualificados como relatos [...]. *A opinião em jornalismo plasma-se noutro gênero único e polivalente, que admite uma grande variedade de subgêneros: o Artigo ou Comentário.*

  Em outro momento (*ibid.*, p. 397), repete o conceito com outras palavras:

  [...] *o jornalismo é aquela modalidade da comunicação coletiva por meio da qual se difundem fatos de interesse geral e uma adequada valoração ajuizativa dos mesmos fatos ou acontecimentos. De um enfoque sociolingüístico, diríamos que o jornalismo é aquela atividade profissional que se manifesta na produção lingüística de dois tipos de textos literários: o Relato dos acontecimentos* [...] *e o Comentário que os ditos acontecimentos suscitam* [...].

- **Tipos de Relato** – Preste-se atenção a Melo (1994, p. 65), quando define os quatro gêneros da Informação que propõe em sua classificação:

A Nota corresponde ao Relato de acontecimentos que estão em processo de configuração. A Notícia é o Relato integral de um fato que já eclodiu no organismo social. A Reportagem é o Relato ampliado de um acontecimento que já repercutiu no organismo social e produziu alterações que são percebidas pela instituição jornalística. A Entrevista é o Relato que privilegia um ou mais protagonistas do acontecer, possibilitando-lhes um contato direto com a coletividade.

Temos aí configurada, então, a possibilidade de aplicação da definição aristotélica, segundo a qual gênero é a parte da essência comum entre espécies diferentes. Gênero é a semelhança que permanece nas espécies.

Ou seja: Relato é a semelhança que agrupa as espécies, na própria classificação de gêneros proposta por Melo.

Ou seja: gênero é o Relato.

Nova proposta

A SÍNTESE DO PERCURSO TEÓRICO produz as seguintes razões de fundamentação:

- Da teoria literária colhe-se a noção de oposição entre os gêneros. À noção de semelhança entre as espécies, pela existência de essências comuns, corresponde, por decorrência lógica, a noção de diferença/oposição entre os gêneros.

- Todorov e Teun van Dijk complementam-se quanto à noção de gênero como tipologia estrutural dos discursos.
- As regras que Van Dijk propõe nos esquemas das superestruturas correspondem às "propriedades comuns" que, em Todorov, servem para caracterizar as classes de texto, diferenciando-as entre si.
- Os autores que sistematizam ou tentam sistematizar o saber jornalístico repetem-se na admissão de que há vários tipos de texto que são variações de Relato; e outro grupo de textos que são variações do Comentário.
- Se o discurso é *o dizer do fazer*, então *os gêneros do discurso são formas de dizer para fazer*. Assim, as razões predominantes das formas discursivas são as da eficácia: quando se diz para fazer, a perspectiva inevitável é a do sucesso.
- As ações jornalísticas são duas: **relatar** a atualidade; **comentar** a atualidade. Com Opinião e Informação, Informação e Opinião.

♩

A reflexão teórica e a análise estrutural de textos em jornais brasileiros e portugueses permitiram elaborar uma grade classificatória de gêneros do discurso jornalístico nos meios impressos, baseada no acolhimento de um conjunto de razões, duas especialmente relevantes:

a) Tal como escreve Van Dijk, o discurso jornalístico tem duas grandes classes de texto: a classe dos *esquemas narrativos*, eficazes para o Relato da atualidade; e a classe dos *esquemas argumentativos*, eficazes para o Comentário da atualidade.
b) Ocorrem, entretanto, e de forma significativa, pela proporção do espaço ocupado, pela relevância dos conteúdos que difun-

dem e/ou pela qualidade criativa, espécies de Comentário e de Relato que não pertencem aos *esquemas narrativos* (quando se trata de Relato) nem aos *esquemas argumentativos* (quando se trata de Comentário). São os casos da Charge e da Caricatura, formas claras de Comentário; e os Roteiros, Indicadores econômicos, Previsão do tempo, Agendamentos e outras formas utilitárias de jornalismo, que servem para relatar faces e facetas importantes da atualidade.

Em decorrência, propomos que são dois os gêneros do discurso jornalístico: o gênero do Comentário e gênero do Relato. E que cada um deles se organiza em dois agrupamentos de espécies: as *Espécies Argumentativas* e as *Espécies Gráfico-Artísticas*, formas de Comentário; as *Espécies Narrativas* e as *Espécies Práticas*, formas de Relato.

A listagem das espécies não resultou de qualquer elaboração teórica, mas da leitura qualitativa dos jornais. Reflete, portanto, a tradição e a transgressão da cultura discursiva do jornalismo real. Chegou-se, assim, à seguinte grade classificatória:

GÊNERO COMENTÁRIO		GÊNERO RELATO	
Espécies Argumentativas	Espécies Gráfico-Artísticas	Espécies Narrativas	Espécies Práticas
Artigo	Caricatura	Notícia	Roteiros
Carta	Charge	Reportagem	Indicadores econômicos
Coluna		Entrevista	Agendamentos
		Coluna	Prev. do tempo
			Consultas
			Orientações úteis
CRÔNICA: classe de texto livre de classificações			

- Nas espécies Gráfico-Artísticas do Comentário, foram usadas denominações correntes no jornalismo brasileiro. A nomenclatura usada na cultura jornalística portuguesa é genérica (*cartoon*), embora a Charge, que no jargão da cultura brasileira se diferencia da Caricatura por algumas características, exista nos dois países.[5]
- Identificou-se apenas uma espécie com vocação híbrida: a Coluna, que serve com igual aptidão e eficácia ao Comentário e ao Relato da atualidade. Entretanto, a Coluna, de presença forte no jornalismo brasileiro, tem ocorrência insignificante no jornalismo português.
- Na edição portuguesa deste estudo,[6] a Crônica foi incluída como espécie de Comentário. Estudos posteriores levaram o autor à convicção de que essa é uma classe de texto que deve ficar livre de classificações, para em liberdade transitar entre jornalismo e literatura, entre narração e argumentação, entre realidade e ficção, entre emoções e poesia.

⌡

Com a aplicação dessa grade, fez-se a leitura sistemática de todos os textos da amostra recortada para as medições e classificações, na pesquisa que comparou as formas discursivas na im-

---

5 Caricatura, Charge e *Cartoon* são três termos com problemas de ambigüidade que a dicionarização não resolve. No uso brasileiro das palavras, a Caricatura tem a marca forte do traço, porque acentua detalhes caricatos de uma pessoa; Charge é uma representação burlesca, caricatural ou não, em que se satiriza uma idéia, situação ou pessoa, normalmente em conteúdos de crítica social ou política – e, no entender do chargista Dorinho (professor Heliodoro de Bastos, da ECA/USP), em depoimento prestado ao pesquisador, ambas as formas têm compromissos com a atualidade. Na opinião dele, estaria aí a mais forte característica diferenciadora da Charge e da Caricatura em relação ao *Cartoon*, "que tem mais compromissos com o humor do que com a atualidade". Ainda sobre o assunto, recomenda-se a leitura da tese de doutoramento do professor e ilustrador Jorge Arbach (Jorge Mtanios Iskandar Arbach, *O fato gráfico – humor gráfico como gênero jornalístico*. São Paulo, ECA/USP, 2007). Arbach inclui nas espécies Gráfico-Artísticas a Foto, a Caricatura, a Charge, o Cartum, o Desenho de Humor e os Quadrinhos.
6 Manuel Carlos Chaparro, *Sotaques d'aquém e d'além mar – Percursos e gêneros do jornalismo português e brasileiro*. Santarém: Jortejo, 1998.

prensa diária de Portugal e do Brasil. A atitude de observação, na leitura dos textos, estava aberta à identificação das subespécies produzidas pela criatividade, pela cultura jornalística da época e de cada país e pelas razões pragmáticas do sucesso.

Para a identificação de subespécies, havia apenas um objetivo condicionante preliminar: o de verificar se se confirmava ou não a proposta conceitual de Warren (1979), segundo a qual seriam quatro os tipos da "Reportagem Informativa": a Reportagem de Acontecimento (*Fact Story*), a de Citação (*Quote Story*), a de Ação (*Action Story*) e a de Seguimento (*Follow-up Story*).

Os quatro tipos de Reportagem da classificação criada por Warren podem ser considerados expansões da Notícia. Têm utilização rotineira no jornalismo diário e receberam a seguinte definição, pelo autor que os identificou e classificou:

- **Reportagem de Acontecimento (*Fact Story*)** – Oferece uma visão estática dos fatos, como coisa já acabada. É escrita de fora dos acontecimentos, por um observador que contempla o objeto de seu relato. É essencialmente descritiva.
- **Reportagem de Ação (*Action Story*)** – É o relato que oferece uma visão dinâmica dos fatos, narrados de dentro, seguindo o ritmo de sua evolução e vivendo o processo de desenvolvimento de uma linha temporal. Texto essencialmente narrativo.
- **Reportagem de Citação (*Quote Story*)** – É a reportagem em que se alternam declarações textuais dos personagens, com descrições e narrações que correm a cargo do jornalista. Emprega discurso direto e indireto. Tem uso freqüente no resumo de entrevistas coletivas.
- **Reportagem de Seguimento (*Follow-up Story*)** – É a reportagem que narra a continuidade de acontecimentos que per-

manecem no interesse noticioso de um dia para o outro. Tem como principal característica o enlace do fato novo com seus antecedentes ou seus prognósticos. Valoriza detalhes ambientais e de interesse humano.

A importância da proposta de Warren deriva do fato de ter sido ele o autor que identificou e ordenou características para os textos mais usuais do Relato Jornalístico e de sua proposta ter sido acolhida sem restrições pelos principais autores da escola espanhola, à qual se devem os mais completos estudos sobre gêneros jornalísticos – com evidência para Albertos.
Entretanto, essa foi uma classificação proposta ainda na década de 1950. Assumiu-se, assim, o interesse de verificar sua aplicabilidade ao atual jornalismo diário, num mundo que já pouco tem que ver com a realidade dos tempos de Warren.

♩

A propósito das definições que Warren deu a esses quatro tipos de Reportagem, é conveniente esclarecer conceitos do que seja Reportagem e do que seja Notícia, dado que os tipos de texto classificados pelo autor americano situam-se na fronteira entre as duas grandes espécies do Relato Jornalístico.
Martinez Albertos (1992, p. 288) não estabelece delimitações formais entre Notícia e Reportagem, porque trabalha o termo "Notícia" como sinônimo genérico de "Informação", e numa perspectiva que nada tem que ver com a estrutura do texto: "Notícia é o fato verdadeiro, inédito ou atual, de interesse geral, que se comunica a um público que pode considerar-se massivo, uma vez que haja sido recolhido, interpretado e valorado" por jornalistas.

Vivaldi (1987) considera a Reportagem o gênero jornalístico por excelência, "já que tudo o que não seja Comentário, Crônica ou Artigo é Reportagem que, em sentido lato, equivale a Informação". No campo do Relato, Vivaldi abre exceção para aquilo que chama de "estrita notícia, que, quase sempre, se amplia e desenvolve em crônicas e reportagens".

Marques de Melo também deixa implícita uma relação entre Reportagem e Notícia, quando define que reportagem "é o relato ampliado de um acontecimento", convidando a supor que notícia seja um relato não ampliado.

Com base nesses conceitos, e aclarando-os, entendemos que *Notícia é o resumo informativo para a descrição jornalística de um fato relevante que se esgota em si mesmo, e para cuja compreensão bastam as informações que o próprio fato contém.*

Segundo o entendimento do que seja Notícia, podemos então definir *Reportagem como o Relato Jornalístico que, em algum grau de extensão, aprofundamento e liberdade estilística, vai além das fronteiras da notícia e dos saberes nela contidos, para desvendamentos, complementações, polêmicas ou elucidações que tornam mais ampla e mais complexa a atribuição de significados a acontecimentos em processo de ocorrência ou a situações de grande relevância.* Nesse sentido, a Reportagem constrói e/ou propõe contextos para situações, falas, fatos, atos, saberes e serviços que revelam, alteram, definem, explicam ou questionam a atualidade.

5
VARIAÇÕES LUSÓFONAS
(estudos comparativos)

Nas democracias, o jornalismo, objeto abstrato, tornou-se linguagem e espaço público dos confrontos discursivos que interessam à cultura e aos processos sociais, na construção do presente.

Projeto

ESTUDAR PARA COMPARAR OS GÊNEROS jornalísticos na imprensa diária de língua portuguesa foi o caminho escolhido para ampliar e aprofundar os estudos da pesquisa realizada entre 1992 e 1995, sobre a imprensa brasileira. Mas representava, também, a possibilidade de contribuir para o conhecimento de diferenças e semelhanças nos tratamentos discursivos dados às mensagens jornalísticas na imprensa diária, no espaço lusófono.

Na origem, três objetivos principais foram atribuídos ao projeto:

1) **Levantar e classificar as formas discursivas** (gêneros e espécies) em diários e semanários portugueses para um estudo comparativo com os resultados da pesquisa equivalente realizada em jornais diários brasileiros. Almejava-se, como resultado, chegar a uma descrição, simultaneamente ampla e detalhada, de diferenças e semelhanças estruturais nos discursos do jornalismo português e do jornalismo brasileiro.

2) **Desenvolver estudos interdisciplinares** para o delineamento de uma teoria pragmática dos gêneros do discurso jornalístico.

3) Aproveitar a permanência em Lisboa para, na medida do possível, **estender a investigação comparativa à imprensa diária dos países africanos** de língua portuguesa.

Na reavaliação do projeto, em Lisboa, resolveu-se proceder a duas exclusões, em favor do aprofundamento na investigação comparativa da imprensa diária de Portugal e do Brasil. Na primeira decisão, excluímos os semanários do universo a ser estudado. Eles são altamente significativos na imprensa portuguesa, e por isso constavam dos objetivos iniciais do projeto. Mas não existem ou não têm importância jornalística no Brasil. Não haveria, pois, o que comparar. Ainda assim, mesmo sem ter entrado nas medições e classificações de classes e tipos de texto, os semanários portugueses acabaram merecendo algumas observações. Por causa da influência que exercem na opinião pública e do jornalismo crítico que praticam, os semanários portugueses representam um paradigma que provavelmente influencia o jornalismo diário do país – razão suficiente para não ser ignorados.

Excluímos também, do universo a ser estudado, a imprensa dos países africanos de língua portuguesa. Por dois motivos, logo perceptíveis no início dos trabalhos, em Lisboa: a falta de similaridade de circunstâncias e capacidades entre os jornais africanos e os de Portugal e Brasil; e a impossibilidade de visitar os países africanos durante o período da investigação, o que inviabilizaria o entendimento pleno das razões culturais, políticas e econômicas de seu jornalismo. É outro estudo do qual não se deve desistir, mas que exigirá um projeto específico.

No que se refere aos jornais brasileiros, tomou-se a decisão de trabalhar não apenas com os dados e as evidências da pesquisa anterior, mas também com uma nova amostra de edições, definida por critérios idênticos aos utilizados para a amostra de jornais portugueses, inclusive no tocante às datas. Assim, as comparações mais sistemáticas para a descrição estatística puderam ser feitas entre edições dos mesmos dias.

Critérios

DEPOIS DE UM PERÍODO INICIAL de leitura qualitativa, diária, dos quatro jornais portugueses em estudo (*Correio da Manhã, Diário de Notícias, Jornal de Notícias* e *Público*), deu-se início à definição da amostra para a obtenção de dados quantitativos. Decidiu-se que o período a ser investigado seria de uma semana e escolheu-se, como período, a primeira semana de dezembro de 1995 (dias 3, 4, 5, 6, 7, 8 e 9).

Tomaram-se providências para a aquisição, no Brasil, de exemplares das edições do mesmo período dos quatro jornais brasileiros incluídos na amostra (*Folha de S.Paulo, Jornal do Brasil, O Estado de S. Paulo* e *O Globo*).

Depois de avaliadas as 56 edições da amostra, seis decisões metodológicas foram tomadas:

1) Fazer um recorte de dois dias no período da amostra, por se considerar que as edições desses dois dias (domingo e quinta-feira) seriam representativas para efeitos de medição e classificação de textos.

2) Medir e classificar, separadamente, os textos do corpo dos jornais e os textos dos suplementos, por se ter verificado que os critérios e as razões jornalísticas dos respectivos conteúdos obedeciam a lógicas e a objetivos diferentes.

3) Aproveitar a pesquisa para dimensionar e tipificar, também, a ocorrência de conteúdos não-jornalísticos no espaço impresso.

4) Dimensionar o espaço ocupado pela publicidade em cada jornal, na expectativa de obter dados que revelassem parâmetros de economia de escala (proporcionalidades entre

jornalismo e publicidade, por exemplo), para a realização de comparações.

5) Dividir os suplementos por critérios de segmentação. O estudo dos conteúdos indicou como razoável a adoção de três tipos de segmentação claramente existentes: econômica, social e cultural. Mas havia alguns suplementos que, pela generalidade da natureza e da intencionalidade dos conteúdos, foram agrupados sob a denominação de "Conteúdos Universais".

6) Aproveitar a pesquisa para obter dados quantitativos que ajudassem a avaliar a significação das soluções didáticas que as tecnologias de edição gráfica possibilitam e/ou estimulam, normalmente utilizadas para tornar mais fácil o entendimento de reportagens complexas.

Números gerais da amostra:

ÁREA TOTAL IMPRESSA DO PERÍODO (EM CM²)

	Corpo dos Jornais	%	Suplementos	%
BRASIL	4.394.940	66,57	935.076	68,05
PORTUGAL	2.207.452	33,43	439.060	31,95
	6.602.392		1.374.136	

ESPAÇO MEDIDO E CLASSIFICADO (EM CM²)

	Corpo dos Jornais	%	Suplementos	%
BRASIL	1.774.740	73,37	323.898	62,88
PORTUGAL	0.644.102	26,63	191.192	37,12
	2.418.812		515.090	

A desproporcionalidade de participação de cada país, tanto na amostra geral quanto no recorte medido e classificado, resultava do fato de serem os jornais brasileiros maiores, tanto no formato quanto em número de páginas, circunstância que ocorre igualmente nos suplementos, ainda que menos acentuadamente, devido às revistas dominicais dos jornais portugueses. Dos quatro jornais portugueses, apenas o *Jornal de Notícias*, do Porto, tinha, na altura, formato *standard*, padrão nos quatro jornais brasileiros. Além disso, o gigantismo das edições dominicais dos jornais brasileiros acentua o desnível quantitativo das superfícies impressas.

Quanto ao número de páginas estudadas, eis os dados gerais:

QUANTIDADE DE PÁGINAS ESTUDADAS

	AMOSTRA GERAL		RECORTE MEDIDO E CLASSIFICADO	
	Corpo dos Jornais	Suplementos	Corpo dos Jornais	Suplementos
BRASIL	2.504	832	1.012	376
PORTUGAL	1.980	684	574	264
	4.484	1.616	1.586	640

Em síntese, trabalhou-se com um volume físico de investigação que compreendeu 7.976.528 cm² de área impressa estudada, 3.793.354 cm² de textos impressos medidos e classificados, o que corresponde a seis mil páginas estudadas, das quais 2.226 tiveram todos os conteúdos medidos e classificados.

A organização e a descrição estatística, para obtenção de evidências e atribuição de significados aos números, resultaram num conjunto de 89 planilhas, com cerca de 150 tabelas e gráficos. Trata-se de material disponível para estudos segmentados, comparativos ou não, sobre o perfil discursivo da imprensa diária de Portugal e do Brasil. Para o que interessa a este trabalho, fez-se uma síntese, que a seguir se apresenta.

Comparações entre jornais (suplementos excluídos)

DEPOIS DE ESTUDADAS 56 EDIÇÕES da grande imprensa diária de Portugal e do Brasil – dezesseis das quais, escolhidas como representativas, tiveram seus textos metodologicamente lidos, medidos e classificados –, colheram-se e sistematizaram-se evidências que permitem traçar um perfil de diferenças e semelhanças entre o jornalismo diário de Portugal e o do Brasil, no que se refere às formas discursivas. Eis as principais evidências obtidas:

- As formas discursivas da imprensa diária brasileira revelaram-se mais diversificadas, em relação às da imprensa diária portuguesa. Os levantamentos feitos e as observações realizadas indicaram que essa maior diversificação refletia a adesão mais ampla, mais nítida, mais agressiva e mais estratégica do jornalismo diário brasileiro à lógica e às razões do mercado.

A adesão à lógica e às razões do mercado e do consumo, por parte da imprensa brasileira, traduziu-se num registro estatisticamente significativo da subespécie de Reportagem classificada como "de Mercado" – 15% da totalidade do espaço ocupado pela espécie Reportagem. Na amostra portuguesa, esse índice era de 2,5%. (Foram considerados "Reportagem de Mercado" os textos sobre acontecimentos e/ou com enfoques integralmente insertos nas dinâmicas do consumo.) A manifestação da adesão do jornalismo brasileiro à lógica do mercado e do consumo era particularmente clara nos jornais de São Paulo, numa tendência que a *Folha de S.Paulo* liderava (28,5% do espaço ocupado pela espécie Reportagem). Nos diários portugueses, a ocorrência da "Reportagem de Mercado" só não foi detectada no *Jornal de Notícias*, do Porto. Nos três diários de Lisboa, o mais aberto à lógica do mercado e do consumo era o *Correio da Manhã*, mas com índices ainda discretos. Já nos suplementos, como se verá mais adiante, a adesão dos jornais de Lisboa ao discurso mercadológico é mais ostensiva.

Eis os números, comparativamente, com a observação de que o registro percentual se refere à participação relativa no espaço ocupado pela espécie Reportagem, em cada jornal:

REPORTAGEM DE MERCADO – OCORRÊNCIAS POR JORNAL (AMOSTRA BRASILEIRA)

	ESPÉCIE REPORTAGEM (CM²)	REPORTAGEM DE MERCADO (CM²)	%
Folha de S.Paulo	67.389	19.209	28,5
Jornal do Brasil	85.801	4.749	5,53
OESP	112.443	21.896	19,47
O Globo	53.234	2.496	4,69
	318.867	48.350	15,16

REPORTAGEM DE MERCADO – OCORRÊNCIAS POR JORNAL (AMOSTRA PORTUGUESA)

	ESPÉCIE REPORTAGEM (CM²)	REPORTAGEM DE MERCADO (CM²)	%
Correio da Manhã	51.676	3.049	5,9
Diário de Notícias	49.760	1.239	2,49
Jornal de Notícias	74.565	0	0
Público	53.503	1.512	2,83
	229.504	5.800	2,53

- A adesão maior do jornalismo diário brasileiro à lógica e às razões do consumo projetava-se, também, no contraste encontrado no espaço ocupado pelas espécies práticas (como Roteiros, Indicadores econômicos, Agendamentos e Previsão do tempo), nas quais se concentrava a vertente utilitária dos jornais.

Na amostra portuguesa, as espécies práticas do discurso representavam 14% do espaço ocupado pelo Relato Jornalístico; na amostra brasileira, 22%. A diferença percentual, projetada em valores absolutos, ganhou expressividade: na amostra brasileira, a área ocupada pelas espécies práticas somava 113.172 cm²; na amostra portuguesa, 45.143 cm².

Na amostra brasileira, também neste indicador os jornais de São Paulo acentuavam a tendência crescente. Mais uma vez com a *Folha* liderando, com as espécies práticas ocupando 35,45% do espaço do Relato. Seguiam-se *O Estado de S. Paulo* (21,77%), o *Jornal do Brasil* (13,81 %) e *O Globo* (12,77%). Na amostra portuguesa, o *Diário de Notícias* e o *Público* exibiam os índices mais elevados, indicando um vínculo maior, ostensivo, com a realidade urbana: 24,55% e 15,31 % do espaço do Relato, respectivamente.

Números gerais:

ESPÉCIES PRÁTICAS – PARTICIPAÇÃO NO ESPAÇO DO "RELATO" (AMOSTRA BRASILEIRA)

	FOLHA	JB	OESP	O GLOBO	TOTAL
Espécies Narrativas	88.776	99.438	134.555	75.326	398.095
%	64,55	86,19	78,23	87,23	77,86
Espécies Práticas	48.788	15.938	37.454	11.025	113.172
%	35,45	13,81	21,77	12,77	22,14
Total	137.531	115.376	172.009	86.351	511.267
%	26,9	22,57	33,64	16,89	100

ESPÉCIES PRÁTICAS – PARTICIPAÇÃO NO ESPAÇO DO "RELATO" (AMOSTRA PORTUGUESA)

	CM	DN	JN	PÚBLICO	TOTAL
Espécies Narrativas	58.550	64.476	89.764	60.526	273.316
%	90,67	75,45	92,57	84,69	85,82
Espécies Práticas	6.026	20.974	7.202	10.941	45.143
%	9,33	24,55	7,43	15,31	14,18
Total	64.576	85.450	96.966	71.467	318.459
%	20,28	26,38	30,45	22,44	100

- A "conquista do leitor" mostrava-se, nos jornais brasileiros, prioridade que influenciava claramente as formas discursivas, especialmente na Reportagem, cada vez mais enriquecidas por Resumos Didáticos que as tecnologias de edição gráfica permitem.

O didatismo marcava especialmente o estilo da *Folha de S. Paulo*, no qual as soluções eram recomendadas pelo *Manual de redação*. Nesse jornal, os Resumos Didáticos ocupavam 14,7% do espaço da espécie Reportagem, representando uma opção estilística que o diferenciava dos outros jornais. Na média, os jornais brasileiros dedicavam 5% do espaço da Reportagem a Resumos Didáticos, que ajudavam a compreender conteúdos ou a atribuir-lhes significados. Nos jornais diários portugueses, a média não passava de 0,7%, cabendo ao *Diário de Notícias* o índice mais alto (1,6%).

- O gênero Relato representava, nos jornais brasileiros, 85,66% do espaço ocupado pelos conteúdos jornalísticos. Nos jornais portugueses, 87,95%. Isso significa que o espaço ocupado pelos textos do Comentário, também percentualmente, era maior na amostra brasileira (14,34%) do que na amostra portuguesa (12,05%).

O quadro indica os números absolutos e relativos da participação dos dois gêneros no espaço dos conteúdos jornalísticos:

Gêneros	AMOSTRA BRASILEIRA cm²	%	AMOSTRA PORTUGUESA cm²	%
Comentário	85.587	14,34	43.634	12,05
Relato	511.267	85,66	318.459	87,95
Total	596.854		362.093	

- Apesar dos números, os jornais portugueses (com exceção do *Correio da Manhã*) têm tom mais argumentativo que os brasileiros.

Três fatores contribuem para isso:

1) A força da espécie Artigo como forma de Comentário (69% dessa classe de texto na amostra portuguesa; 54% na amostra brasileira).
2) As freqüentes sutilezas conotativas da titulação.
3) A tendência de misturar argumentação à narração, no Relato, especialmente nas matérias sobre política. Por vezes, o resultado é interessante, criativo. Outras vezes, ocorre uma densidade opinativa perigosa, tendendo ao partidarismo, mesmo quando disfarçada.

Tanto no Comentário quanto no Relato da atualidade, todas as espécies de texto detectadas na imprensa diária portuguesa eram também encontradas nos jornais da amostra brasileira, com significação mais ou menos equivalente.

- A espécie Coluna, que tanto serve para o Comentário quanto para o Relato da atualidade, e é marca forte de identidade no jornalismo brasileiro, não ocorria nas formas discursivas da imprensa portuguesa.

À época da pesquisa, apenas o *Diário de Notícias* tinha uma coluna com as características que no Brasil identificam essa espécie: "Os dias de amanhã", assinada pelo jornalista Victor

Cunha Rego, falecido em 11 de janeiro de 2000, e que, entre 1958 e 1974, atuou no jornalismo brasileiro.

- **Outra diferença significativa nos perfis discursivos dos dois jornalismos estava no Editorial diário.**

Na imprensa brasileira, esse tipo de texto representava 14,8% da espécie Artigo, mas tem uma importância cultural, política e estratégica que o índice estatístico, ainda que expressivo, não traduz.

Sobre o assunto, vale a pena transcrever o que o autor já escreveu em outro livro:[1]

> No Brasil, jornal diário que se preza tem, no mínimo, dois ou três editoriais por dia, na página considerada mais nobre, por causa da suposta nobreza desse tipo de artigo. São textos sem assinatura, para que expressem a "opinião do jornal", e não de alguém, sobre os assuntos mais importantes da pauta jornalística. Também nisso se reflete a influência próxima do jornalismo americano. Aceitam-se, assim, conceitos como os herdados do lendário Joseph Pulitzer, a quem se atribui a seguinte frase: "O jornal deve dar a conhecer seu ponto de vista ao leitor, pois é imoral esconder-se atrás da neutralidade das notícias."
>
> Ao contrário do Brasil, na tradição portuguesa, o editorial (antigamente chamado de "artigo de fundo") é assinado por alguém (o diretor ou outros profissionais do comando do jornal), e esse alguém, naturalmente, expressa seus próprios juízos de valor, sobre os quais, ao assinar o texto, assume autoria e responsabilidade. É a tradição francesa: pelo jornal fala o diretor, identificado pelo próprio nome ou com pseudôni-

---

[1] Ver Manuel Carlos Chaparro, *Linguagem dos conflitos*. Coimbra: Minerva-Coimbra, 2001, p. 147-8.

mo. Era o que fazia Hubert Beuve-Méry, ao assinar como Sirius os editoriais que escrevia no Le Monde.

Nos grandes diários portugueses, à época da pesquisa, o Editorial era um tipo de texto insignificante, representando menos de 1% da espécie Artigo. Apenas o *Correio da Manhã* publicava, com regularidade, pequenos editoriais, assinados pelo diretor. Depois do período pesquisado, ocorreu uma alteração importante. Em dezembro de 1996, o *Diário de Notícias* fez uma reforma gráfico-editorial com a qual passou a reservar espaço nobre, fixo e com apresentação gráfica diferenciada para o editorial diário, assinado pelo diretor ou por alguém ligado à direção do jornal. Nos outros diários estudados, àquela época, o Editorial ocorria em dias incertos, por critérios de oportunidade. E quando ocorria tinha forma de artigo assinado, diferenciado apenas pelo rótulo "Editorial" na cabeça do título.

- **Assim como o Artigo é a espécie nobre no gênero Comentário, a espécie nobre do Relato é a Reportagem, tanto na imprensa portuguesa quanto na brasileira.**

Na amostra brasileira, a Reportagem ocupava 80% do espaço dedicado ao Relato da atualidade; na amostra portuguesa, 84%. É na Reportagem que as interações se dão de forma mais complexa, envolvendo fontes, interesses, intencionalidades, propósitos e leituras conflitantes. E isso estimula a criatividade jornalística. Sob o ponto de vista da diversidade estilística ou estrutural, foram identificados, na amostra brasileira, 21 tipos (ou subespécies) classificáveis de Reportagem. Nessa tipologia, catorze das subespécies encontradas também apareceram na amostra portuguesa. Se aceitarmos que os gêneros do discurso são formas *de dizer para fazer*, teremos aí caracterizados indícios de que o jornalismo diário brasileiro estava mais preocupado com a eficácia do que o jornalismo diário português. Inventava e experimentava formas de relatar com sucesso, o que nem sempre significava qualidade. Talvez por ser menos dinamizado pelas energias do consumo e do mercado, o jornalismo diário português, à época da pesquisa, ousava menos, experimentava menos. Em contrapartida, manifestava cuidados deontológicos mais rigorosos.

- **Dos quatro tipos de "Reportagem Informativa" classificados e caracterizados por Carl Warren, três continuam presentes e vigorosos na imprensa diária dos dois países.**

Apenas um dos tipos da classificação de Warren praticamente desapareceu das formas discursivas praticadas nas duas amostras: a *Action Story* (Reportagem de Ação). Isso pode ser uma indicação de que, no jornalismo do final do século XX, os repórteres já não iam para as ruas atrás de emoções e fatos novos.

- **Embora não tenham relação direta com as formas discursivas, há dados significativos sobre o espaço ocupado pela publicidade na mancha impressa.**

Esses dados permitem admitir que os jornais brasileiros são empreendimentos mais comerciais: na proporção quase inversa à encontrada nos grandes diários portugueses, a publicidade ocupa dois terços da totalidade da mancha impressa.

No plano geral, somando-se os registros de toda a amostra, os dados eram os seguintes:

ESPAÇO OCUPADO, POR NATUREZA DE CONTEÚDO

	BRASIL		PORTUGAL	
	cm²	%	cm²	%
Conteúdos jornalísticos	596.854	33,63	362.093	56,22
Conteúdos não-jornalísticos	13.927	0,78	12.191	1,89
Conteúdos publicitários	1.163.959	65,58	269818	41,89
Total	1.774.740		644.102	

O espaço era, portanto, um bem econômico altamente valorizado pelos empreendimentos jornalísticos, no Brasil. E isso se projetava na política editorial e na manifestação discursiva, em efeitos como a concisão. Na imprensa brasileira, as reportagens tinham menos texto do que as reportagens portuguesas, mas continham maior quantidade de informações.

Comparações entre suplementos

NO PERÍODO A QUE CORRESPONDIA A AMOSTRA, os quatro diários brasileiros editaram 41 suplementos, quase o dobro das ocorrências nos quatro diários portugueses, que no período ofereceram 22 suplementos a seus leitores.

Analisados os conteúdos, e ante diversidades temáticas, interesses, públicos, estratégias e táticas jornalísticas, tornou-se claro que seria metodologicamente inadequado aplicar os mesmos critérios de comparação a todos os suplementos. Resolveu-se, então, agrupá-los pelos seguintes critérios de segmentação:

- **Segmentação econômica** – Entrariam neste grupo os suplementos direcionados a algum segmento de negócios, com ati-

Sotaques d'aquém e d'além mar

vidade regida pela livre concorrência (por exemplo, imóveis, transportes, veículos etc.).

- **Segmentação social** – Para este conjunto foram considerados os suplementos com conteúdos claramente dirigidos a públicos socialmente caracterizados, por faixa etária, sexo ou algum outro critério (por exemplo, mulheres, jovens, adolescentes, crianças).
- **Segmentação cultural** – Agruparam-se neste segmento os suplementos com conteúdos ligados ao campo das idéias, das artes e da ciência, preocupados com a qualidade literária dos textos ou a sofisticação dos temas – voltados, portanto, para o chamado público de prestígio.
- **Conteúdos universais** – Nesta segmentação entraram aqueles poucos suplementos com temáticas que, embora específicas ou com algum grau de especificidade (família e saúde, por exemplo), interessam aos leitores em geral.

Nem tudo foi fácil. Em que segmento enquadrar, por exemplo, os suplementos dedicados às atrações e sensações da televisão? Televisão é cultura ou negócio? Decidimos incluí-los no segmento econômico devido ao fato de, prioritariamente, servirem de instrumento de divulgação e propaganda de atrações concorrentes entre si na disputa de audiência, com conteúdos distribuídos ou incitados pelos próprios interessados (empresas, patrocinadores, artistas, produtores, apresentadores etc.).

Em que segmentação incluir os suplementos de economia do *Correio da Manhã* e do *Público*, não vinculados a qualquer segmento de negócios, mas à política econômica e financeira?

"Economia", do *Correio da Manhã*, por exemplo, não tinha, à época, um só anúncio e falava de coisas como reforma

199

fiscal, ética industrial e meio ambiente, heróis e vilões na internet, orçamento da República e crise na indústria têxtil. O "Público Economia", embora trouxesse indicadores para as transações financeiras, era mais uma publicação de idéias econômicas, sem vínculos definidos com qualquer ramo de negócios. Ainda assim, foram ambos incluídos na segmentação econômica, por estarem mais próximos dela do que de qualquer das outras.

Onde e como enquadrar as revistas dominicais dos grandes jornais portugueses, magazines de boa qualidade, quase de sabor literário, com artigos, reportagens, crônicas e bom fotojornalismo, sobre temas, curiosidades e notoriedades da atualidade?

Apresentavam conteúdos e formas insinuantes para os leitores mais sofisticados de cada jornal – e por isso foram incluídas na segmentação cultural, tal como a revista "Domingo", do *Jornal do Brasil*, única do gênero na amostra brasileira.

De qualquer forma, a realidade e a força da lógica de mercado mostraram-se também na política editorial dos suplementos. Dos 41 suplementos da amostra brasileira, 25 (61%) entraram na segmentação econômica, à qual também se integraram doze (55%) dos 22 suplementos da amostra portuguesa.

No caso da amostra portuguesa, a influência das razões do consumo parou por aí. Já na amostra brasileira, as políticas, estratégias e táticas editoriais de quase todos os onze suplementos da segmentação social são vinculadas às razões do mercado e do consumo, quer se trate de jovens, mulheres ou adolescentes. A exceção está nos três suplementos infantis ("Folhinha", "Estadinho" e "Globinho"), cujos conteúdos, à semelhança do que também acontece com o "Correio Omolete", do *Correio da Manhã*, pouco ou nada têm que ver com jornalismo.

A distribuição segmentada dos 63 suplementos das duas amostras resultou no seguinte quadro:

QUANTIDADE DE SUPLEMENTOS – AMOSTRA GERAL

	BRASIL	PORTUGAL
Segmentação econômica	25	12
Segmentação social	11	2
Segmentação cultural	4	6
Conteúdos universais	1	2
Total	41	22

Dessa amostra, 23 suplementos foram escolhidos como recorte para o levantamento de dados (medições e classificações): dez, na amostra portuguesa; treze, na amostra brasileira. O critério de escolha não se ateve à proporcionalidade, mas à conveniência de se dispor de uma amostragem que refletisse o perfil das formas discursivas em cada segmento. O quadro de representatividade, no conjunto dos suplementos escolhidos para medições e classificações, ficou assim formado, quanto à segmentação:

SUPLEMENTOS – RECORTE PARA MEDIÇÕES E CLASSIFICAÇÕES

	BRASIL		PORTUGAL	
	Quant.	cm²	Quant.	cm²
Segmentação econômica	8	232.626	6	102.000
Segmentação social	2	24.024	1	7.072
Segmentação cultural	2	53.256	2	75.048
Conteúdos universais	1	13.992	1	7.072
Total	13	323.898	10	191.192

Os dados coletados nesses 23 suplementos proporcionavam várias leituras. E uma vertente interessante para avaliar os vínculos do jornalismo de suplemento com as razões do mercado, num e no outro país, estava na proporção da publicidade e dos conteúdos jornalísticos em relação à totalidade do espaço impresso. Veja-se o quadro:

	PUBLICIDADE		JORNALISMO	
	Brasil	Portugal	Brasil	Portugal
	%	%	%	%
Segmentação econômica	58,18	26,86	38,17	63,66
Segmentação social	34,72	9,62	37,9	3,68
Segmentação cultural	26,85	34,48	60	59,46
Conteúdos universais	28,24	9,15	71,76	90,85

A esses dados convém acrescentar que também nos suplementos, e de forma mais acentuada, os conteúdos não-jornalísticos ocupavam bem mais espaço nos grandes jornais portugueses do que nos brasileiros. Isso explica a insignificância dos conteúdos jornalísticos nos suplementos da segmentação social (3,68%). Vale a pena conhecer os números:

SUPLEMENTOS – CONTEÚDOS NÃO-JORNALÍSTICOS

	BRASIL	PORTUGAL
	%	%
Segmentação econômica	2,5	7,15
Segmentação social	20,3	86,71
Segmentação cultural	9,36	3,8
Conteúdos universais	0	0

Verifica-se, assim, também nos suplementos, que, em termos de economia de escala, na relação entre publicidade e conteúdos jornalísticos, as empresas brasileiras adotam proporcionalidades financeiramente mais vantajosas. Há uma valorização econômica do espaço. Na média, a publicidade ocupa 49,99% do espaço impresso nos suplementos brasileiros, e 28,56% nos suplementos portugueses – níveis fortemente influenciados pela preponderância da segmentação econômica, que representa 72% na amostra brasileira e 65% na amostra portuguesa.

No que se refere às formas discursivas nos conteúdos jornalísticos, e tal como acontecia nos jornais, o discurso da imprensa portuguesa, nos suplementos, também era proporcionalmente mais argumentativo.

Na síntese, os números relativos são os seguintes:

SUPLEMENTOS – CONTEÚDOS JORNALÍSTICOS

	COMENTÁRIO		RELATO	
	cm²	%	cm²	%
Brasil	18.717	13,38	121.184	86,62
Portugal	22.778	19,59	93.469	80,41

No que se refere às espécies, era avassaladora a predominância do Artigo e da Reportagem, como formas do Comentário e do Relato, respectivamente. Na amostra brasileira, o Artigo representava 86% das espécies argumentativas; na amostra portuguesa, mais ainda: 91%. A Reportagem produziu índices semelhantes, nas espécies da narração.

Entretanto, nos textos das reportagens, em suplementos dos jornais portugueses, a argumentação invade a narração, com frequência. Não são poucos os casos em que se torna difícil definir se lemos um Artigo ou uma Reportagem. As razões teóricas estabelecidas para a questão dos gêneros permitem admitir que a ambigüidade estrutural do texto reduz sua eficácia.

Na Reportagem, as subespécies identificadas e classificadas foram onze em cada amostra, nove das quais comuns. Na maioria dos casos, porém, representavam ocorrências insignificantes, em face do espaço ocupado por textos tipificados como "Reportagem de Mercado" e "Reportagem de Propaganda", cujas estruturas e intencionalidades refletem razões do mercado e do consumo.

Como Reportagem de Mercado, foram tipificados os relatos de acontecimentos cuja relevância para a atualidade está relacionada com a dinâmica do mercado, inclusive no plano dos conflitos. Como Reportagem de Propaganda, foram classificados textos quase sempre assinados, formalmente estruturados com técnicas narrativas, mas que oferecem apenas versões favoráveis a produtos, idéias, serviços e interesses particulares.

Eis a participação relativa dessas duas subespécies no espaço ocupado nos suplementos pela espécie Reportagem:

| | REPORT. DE MERCADO || REPORT. DE PROPAGANDA ||
	Brasil	Portugal	Brasil	Portugal
Segmentação econômica	55,9	57,77	19,75	23,82
Segmentação social	91,87	0	0	0
Segmentação cultural	0	23,21	0	14,92
Conteúdos universais	39,13	3,13	0	0

Os dados sobre as ocorrências das Reportagens de Mercado e de Propaganda nos espaços do Relato Jornalístico refletiam a influência competente dos agentes organizados sobre as razões e decisões jornalísticas. Provavelmente, está aí, na preponderância crescente das razões do negócio sobre as razões da notícia, a revelação nova mais importante no jornalismo de língua portuguesa – e que reclama debate urgente, especialmente no Brasil, onde, mesmo excluindo os suplementos, a Reportagem de Mercado já representa 15% da espécie Reportagem, na média dos quatro jornais estudados.

E esta tem ainda tendência a crescer, se considerarmos que o índice alcançou 28,5% na *Folha de S.Paulo*, jornal de maior tiragem, por isso paradigma de sucesso. Aliás, em observações posteriores, o autor colheu evidências de que as coisas se agravaram, na mesma proporção em que os departamentos de *marketing* passaram a concentrar, em doses crescentes, o poder e o saber estratégicos em empresas, partidos, governos e organizações.

Conteúdos não-jornalísticos

APESAR DO ESPAÇO MENOR DE QUE DISPUNHAM, os jornais portugueses aceitavam, percentualmente, mais conteúdos não-jornalísticos – outro indicador de economia de escala a sugerir a maior valorização que o jornalismo brasileiro atribui ao seu espaço. Nos jornais brasileiros (suplementos excluídos), os conteúdos não-jornalísticos ocupavam 13.927 cm², o equivalente a 0,78% do espaço impresso total. Nos jornais portugueses, são 12.191 cm², representando 1,89% do espaço impresso.

Eis a distribuição dos números das duas amostras, por jornal e espécie de conteúdo:

NÃO-JORNALISMO – EM CM²
(JORNAIS – SUPLEMENTOS EXCLUÍDOS)
AMOSTRA BRASILEIRA

	FOLHA	JB	OESP	GLOBO	TOTAL	%
Release	3.107	2.464	217	190	5.978	42,92
Quadrinhos	605	1.284	899	701	3.489	25,05
Horóscopo	371	601	535	258	1.765	12,67
Passatempo	0	454	767	1.400	2.261	18,82
Artigos científicos	0	0	0	0	0	0
Outro	74	0	0	0	74	0,53
Total	4.157	4.803	2.418	2.549	13.926	100

NÃO-JORNALISMO – EM CM²
(JORNAIS – SUPLEMENTOS EXCLUÍDOS)
AMOSTRA PORTUGUESA

	CM	DN	JN	PÚBLICO	TOTAL	%
Release	1.912	0	1.516	0	3.428	28,12
Quadrinhos	911	0	680	241	1.832	15,03
Horóscopo	419	0	0	0	419	3,44
Passatempo	858	781	692	2.730	5.061	41,51
Artigos científicos	0	0	294	0	294	2,41
Outro	138	0	1.019	0	1.157	9,49
Total	4.238	781	4.201	2.971	12.191	

Na observação dos detalhes, verifica-se que, nos jornais brasileiros, o *Press-release* (42,92%) predominava entre as espécies não-jornalísticas, seguido da História em Quadrinhos (banda desenhada, na denominação usada em Portugal), com 25,05%; e dos Passatempos, com 18,82%. Na imprensa portuguesa, a predominância pertencia aos Passatempos, com 41,51%, mas o *Press-release* também tinha presença forte, com 28,12%. De alguma forma, estava aí outro indicador dos vínculos mais fortes que o jornalismo diário brasileiro tem com as razões de mercado.

Nos suplementos, cresceu significativamente a participação dos conteúdos não-jornalísticos na totalidade do espaço impresso. E aumentou, também, a desproporção do acolhimento desse tipo de conteúdo na imprensa portuguesa, em relação à brasileira: 8,53% do espaço impresso (16.316 cm²) contra 4,84% (15.681 cm²). O *Press-release* era a espécie largamente predominante nas duas amostras, expressando a acomodação às razões do consumo, no jornalismo dos suplementos.

Eis os números:

CONTEÚDOS NÃO-JORNALÍSTICOS – SUPLEMENTOS

	BRASIL	%	PORTUGAL	%
Release	6.892	43,95	7.059	43,26
Artigos científicos	3.498	22,31	0	0
Receitas	3.186	20,32	2.343	14,36
Colaborações	0	0	4.029	24,69
Horóscopo	357	2,28	553	3,39
Quadrinhos	1.055	6,73	1.010	6,19
Passatempo	619	3,95	776	4,76
Humor	0	0	546	3,35
Outros	74	0,47	0	0
	15.681	100	16.316	100

Registre-se, entretanto, que não houve qualquer ocorrência de conteúdos não-jornalísticos em oito suplementos, quatro de cada país: Público Economia (*Público*), Carga & Transporte (*Público*), Cultura (*Diário de Notícias*), Saúde (*Correio da Manhã*), Suplemento Agrícola (*O Estado de S. Paulo*), Vídeo (*O Estado de S. Paulo*), Jornal da Família (*O Globo*) e Planeta Globo (*O Globo*).

Explicações

a) **Sobre o tom argumentativo da reportagem portuguesa**

Como ficou registrado, uma das diferenças mais interessantes do jornalismo diário português, em relação ao brasileiro, era, e continua a ser, o tom argumentativo da reportagem. Alguns pesquisadores e jornalistas portugueses, consultados sobre o assunto, admitem que tanto as subjetividades da titulação quanto a "contaminação" argumentativa da narração jornalística compõem um estilo discursivo fortemente influenciado pelo sucesso e pelo prestígio dos semanários. O *Independente*, em particular, tornou-se uma espécie de paradigma, com seu jeito criativo de fazer títulos agressivos, provocadores, carregados de sentidos subjetivos.[2]

Com seu jeito de titular, tratando o leitor como cúmplice bem informado, O *Independente* foi um marco de jornalismo crítico, atrevido, denunciador, irônico, às vezes debochado. Por exemplo: "Adivinha quem foi jantar", título que, na primeira página da edi-

---

2 O *Independente* existiu entre 20 de maio de 1988, data da sua primeira edição, e 1º de setembro de 2006, quando, enterrado em dívidas e com baixas tiragens, circulou pela última vez, com a manchete "Ponto Final". Em maio de 2007, o economista Carlos Cintra Torres, administrador da massa falida, anunciou estar estudando um projeto para, com novos investidores e distribuição gratuita, fazer o semanário voltar a circular.

ção de 30 de novembro de 1995, anunciava um encontro secreto entre líderes da oposição. Nas sete páginas seguintes da mesma edição, estes eram os títulos de *O Independente*: "Governo dá três"; "Adeus às armas"; "Vendaval dos hospitais", "António & António, Ltda."; "Carta armadilhada"; "Toma lá o teu"; e "Diga lá outra vez". E não era raro encontrar títulos nesse estilo em alguns dos jornais diários portugueses pesquisados.

Em depoimento prestado ao autor, o professor José Manuel Tengarrinha reconhece a tendência da imprensa diária portuguesa para a argumentação, mas atribui isso a outros fatores – um deles a politização das redações, outro a influência francesa no jornalismo português.[3]

Professor de História Contemporânea na Faculdade de Letras da Universidade de Lisboa, autor do livro *História da imprensa periódica portuguesa* e, além disso ex-jornalista, Tengarrinha tem a seguinte explicação para essa característica discursiva do jornalismo lusitano:

No século XIX, a imprensa servia para que a escrita fosse utilizada como arma de combate. E não se dava só o combate das idéias; a palavra era muitas vezes a ação política. Surgiu então o Diário de Notícias, em 1865. Influenciado pela corrente anglo-saxônica criada a partir do Daily Courant, apareceu com a proposta de ser um jornal essencialmente noticioso e sem filiação partidária, para interessar a todas as classes. Com o Diário de Notícias, passamos a ter em Portugal, de um lado, um jornalismo preponderantemente noticioso, praticando uma

---

3 José Tengarrinha trabalhou no histórico vespertino *República*, símbolo da resistência ao salazarismo, e no inovador (também vespertino) *Diário Ilustrado*, de cuja primeira equipe fez parte como diretor de suplementos. Saiu em 1957, no bojo de uma crise interna, e voltou no ano seguinte como diretor do jornal. Em 1961 foi preso e teve seu registro profissional de jornalista cassado pela polícia secreta do regime, a Pide.

certa objetividade, procurando ser neutro, e do outro um jornalismo empenhado, ideológico, revolucionário, dividido em duas correntes: o republicanismo e o anarquismo.

Depois, na ditadura salazarista, com o surgimento e o fortalecimento dos vespertinos, dos quais o Diário de Lisboa se tornou o principal jornal de referência em Portugal, introduzia-se em definitivo uma influência francesa, mais particularmente do Le Monde e de seu jornalismo de dossiês. O jornalista Marcel Niedergang, especialista do Le Monde para a Península Ibérica, vinha clandestinamente a Portugal e aqui mantinha conversas que influenciaram bastante os jornalistas portugueses. O Diário de Lisboa foi muito influenciado por essa linha, passando a dar contextos aos acontecimentos, e a interpretá-los, com base em dossiês organizados previamente.

Também sob essa influência, surgiu o Diário Ilustrado em dezembro de 1956. Foi o primeiro jornal português a editar diariamente suplementos especializados, entre eles o de Economia, o Literário, o Juvenil e o de Esporte. Havia um segundo caderno, também diário, com jornalismo temático, leitura para públicos mais especializados.

Mais recentemente, o Público surgiu com a mesma proposta jornalística.[4] *Seu primeiro diretor, Vicente Jorge Silva, vinha de uma experiência de editor do suplemento do semanário Expresso. E lançou um jornal de jornalismo documental, baseado em dossiês, que enquadrava os acontecimentos. Obtém-se nesse jornalismo um equilíbrio entre a informação e explicação do acontecimento. E entra-se no campo interpretativo. Isso distinguiu o Público dos outros jornais, na primeira fase.*

Da história vem, portanto, uma explicação para o tom argumentativo da reportagem no jornalismo português. Mas, para o professor Tengarrinha, há outra razão:

4 A primeira edição do *Público* circulou em 5 de março de 1990.

A imprensa portuguesa é muito politizada. E essa politização não advém de grupos que estejam por trás dos jornais, mas do fato de a mídia ser, em Portugal, o palco dos políticos, o que estimula a interpretação pessoal. Além disso, os jornalistas sofrem pressões das organizações partidárias. A luta partidária é muito dura e os partidos fincaram raízes no meio jornalístico. Depois de 1974 e 1975, foram criadas redes partidárias nas redações, e por esse canal, vários repórteres se tornaram candidatos. Embora sem a mesma força, e de forma disfarçada, essas redes continuam a existir. E os jornalistas ligados a elas praticam, hoje, assim como que uma militância clandestina.[5]

b) Sobre o colunismo no Brasil

A diferença estrutural mais significativa entre o jornalismo diário de Portugal e o do Brasil apresenta-se na utilização da Coluna. No jornalismo brasileiro, a Coluna é marca forte de identidade. Representava, em espaço ocupado, 14,31% do gênero Comentário e 6,33% do gênero Relato. O jornal que, então, mais utilizava a Coluna era O Globo, com índices, respectivamente, de 24,75% e 14,83%.

Na imprensa diária de Portugal, o colunismo tinha (e provavelmente continua a ter) ocorrência insignificante. O registro estatístico era de 0,32% no espaço ocupado pelas espécies da argumentação, e de zero no espaço da narração.

A Coluna é, no jornalismo brasileiro, uma espécie que se caracteriza pela constância da formatação gráfica e da localização, servindo ao jornal como elemento de identidade visual e ao leitor como pólo de orientação e atração para a leitura. A hibridez da Coluna dá-lhe capacidade e vocação para que a informação e a análise se complementem, ampliando o espaço de liberdade

5 Este depoimento foi prestado ao autor em 1998.

para o estilo de autor. Além disso, mantém periodicidade que acompanha o ritmo dos acontecimentos, o que lhe garante ligação viva com as emoções e relevâncias do dia-a-dia, e tem um traço de subjetividade que a torna particularmente interessante: seu poder de persuasão está na credibilidade do jornalista que a assina. O bom colunista desfruta de prestígio próprio e de autonomia dentro do jornal, para o qual se transforma em conquistador de leitores fiéis.

Tão forte é o colunismo no Brasil que se tornou uma atividade profissional quase autônoma, com características de mercado profissional paralelo. Cada um dos quatro jornais pesquisados tinha (e continua a ter) sua própria agência de venda e distribuição de conteúdos. Além de vender o noticiário de cada dia a jornais de todo o país, comercializavam também os textos dos colunistas da casa, e de outros, vendendo-os a redes de jornais, com lucros divididos.

Já não eram poucos os colunistas que, com personalidade jurídica própria, atuavam no mercado como vendedores dos próprios textos, na dupla atividade de jornalistas e empresários. E essa tendência se acentuou nas relações de trabalho entre os jornais e seus colunistas – e não apenas eles, porque já são numerosos, também, os repórteres que atuam no mercado profissional com personalidade jurídica própria.

Resulta daí uma fonte de poder, prestígio e dinheiro que faz dos colunistas jornalistas diferentes, porque estão diária e simultaneamente nos principais jornais de todo o país.

Dessa história faz parte uma empresa localizada em Brasília, pioneira no agenciamento de colunas para redes de jornais. É a Alô Comunicação, criada em setembro de 1988 pelos jornalistas Adriano Lopes de Oliveira e Maria Tereza Lopes de Oliveira.

Sotaques d'aquém e d'além mar

A idéia de fundar a empresa surgiu quando Adriano chefiava a redação da TV Globo, em Brasília. Ele próprio conta a história:

No início de 1988, nosso chefe de reportagem, jornalista José Natal, saiu da Globo e foi para Maceió, em Alagoas, onde iria dirigir o jornalismo das Organizações Arnon de Mello (jornal, TV e rádio). De lá, pedia freqüentemente aos ex-colegas da Globo que escrevessem artigos para a Gazeta de Alagoas, sobre política, economia ou qualquer assunto em evidência. Tudo na base da amizade. O pagamento, quando vinha, era na forma de um quilo de camarão fresco ou algo no gênero. Não raro, em meio à correria do fechamento de matérias para o Jornal Nacional, o Natal ligava para "cobrar" o artigo do dia do Alexandre Garcia, da Mônica Waldvogel, do Leonel da Mata, do Carlos Monforte, do Álvaro Pereira. Quando nenhum deles tinha condição de escrever, acabava sobrando para mim. E aí, pensei: se era assim, por que não organizar a bagunça de forma profissional?[6]

Depois de conversar com os cinco colegas citados, além de Lillian Witte Fibe, na época morando em São Paulo, Adriano deixou a TV Globo e, em sociedade com Maria Teresa, fundou a Alô e começou a oferecer as colunas dos seis ex-colegas a vários jornais do país. Em pouco tempo, vários jornais assinavam contratos, e a empresa não parou mais de crescer. Da mesma forma, vários campeões de vendas surgiram, entre os jornalistas agenciados pela Alô. Lillian Witte Fibe e Boris Casoy, por exemplo, passaram a ser lidos simultaneamente em 39 jornais do país, e a coluna de Alexandre Garcia logo teve sua difusão multiplicada em 36 jornais.[7]

---

6 Depoimento prestado ao autor especialmente para este livro.
7 A Alô Comunicação cresceu e diversificou suas frentes de atuação, ao longo dos anos. O agenciamento de colunistas perdeu importância nas atividades da empresa, que atualmente se dedica, prioritariamente, ao mercado publicitário e de publicações, algumas delas próprias, principalmente a revista quinzenal *Roteiro*, com informações turísticas sobre Brasília.

213

Essa característica do jornalismo brasileiro, como várias outras, reproduz o modelo americano, onde a tradição do colunismo é antiga. O grande pioneiro do colunismo nos Estados Unidos foi o já falecido James Reston, *"um grande interpretador de notícias"*, na opinião do professor e jornalista Carlos Eduardo Lins da Silva, estudioso do jornalismo americano.[8]

É o seguinte o depoimento de Lins da Silva, especialmente concedido para este trabalho:[9]

> *Na imprensa dos Estados Unidos há colunas, até muitas. Mas menos, bem menos do que no atual jornalismo brasileiro. Na maioria dos casos, nos Estados Unidos, as colunas são publicadas em dezenas ou centenas de jornais ao mesmo tempo. A partir da década de 1980, os colunistas começaram a tornar-se empresa, com muitas pessoas trabalhando para a produção de material. Robert Novak e Jack Anderson, por exemplo, tornaram-se empresas e passaram a vender suas colunas a qualquer jornal disposto a pagar por elas. Maureen Drownd, também publicada em vários jornais, é do* New York Times *e talvez seja vendida por ele.*
>
> *De modo geral, as colunas (exceto as humorísticas ou esportivas) são muito mais informativas e/ou interpretativas do que as brasileiras, a meu ver quase todas calcadas no achismo. Ler algumas colunas brasileiras, para mim, é como ouvir motoristas de táxi comentando política, tamanha a quantidade de lugares-comuns e obviedades. Nos Estados Unidos, mesmo as colunas mais opinativas, como a do conservador Robert Novak, têm muita informação factual, fruto de trabalho sério*

---

8 Carlos Eduardo Lins da Silva, professor e pesquisador da ECA/USP, hoje afastado da docência, é autor do livro O *adiantado da hora* (1991), no qual analisa a influência americana sobre o jornalismo brasileiro.
9 Depoimento prestado em 1998.

de pesquisa, para dar base às opiniões. Outras, como as de Maureen Drownd, usam abordagens originais, quase psicoanalíticas, para interpretar os acontecimentos.

Na opinião de Lins da Silva, James Reston ficou como paradigma do bom colunismo:

Reston iniciou sua coluna em 1969, quando resolveu deixar de ser editor-executivo do Times, por se sentir aborrecido com as tarefas administrativas. Nos vinte anos em que manteve a coluna, ele deu o tom do que é considerado bom colunismo: informação precisa e correta, junto com análise profunda e original dos fatos.[10]

Existem no Brasil, claro, colunistas de qualidade, que enriquecem o jornalismo. São profissionais qualificados, respeitáveis, com canais próprios de acesso às melhores fontes e com reconhecida capacidade de análise, que influenciam e orientam a opinião pública. Mas existe, também, o colunismo oportunista, comercial, sobrevivendo nos leitos da intriga, da futilidade, das vaidades, do personalismo, das emoções e dos modismos.

Entre os pioneiros do colunismo de referência estão Joelmir Beting e Luis Nassif, ambos atuando no campo do jornalismo econômico. São histórias e percursos diferentes.

Em 1966, ao então jovem Joelmir, recém-formado em Sociologia, com alguma experiência em jornalismo esportivo radiofô-

---

10 James Reston morreu em 6 de dezembro de 1995, aos 86 anos. Trabalhou para o *New York Times* de 1939 a 1989. "Nesses 50 anos", afirma Lins da Silva, "foi considerado, unanimemente, o mais influente profissional da área."

nico, foi oferecida, pelo departamento comercial da *Folha de S.Paulo*, a oportunidade de fazer uma pequena coluna sobre as novidades da indústria automobilística, a ser publicada nas páginas de anúncios classificados, para os quais se queria atrair o interesse dos leitores. Joelmir teve a percepção de que ali se abria uma pequena janela para o futuro que ambicionava. Aproveitou a oportunidade, fez um trabalho cuja qualidade jornalística chamou a atenção dos editores do jornal, e em pouco tempo foi transferido para a editoria de Economia. Rapidamente, passou de isca para leitores de anúncios classificados a principal colunista na área econômica no jornalismo brasileiro.

O sucesso da coluna – conquistado com informações quase sempre exclusivas, ou antecipadas, análises consistentes, estilo próprio, didatismo e humor inteligente – levou Joelmir para o rádio e a televisão, na qual se tornou estrela de primeira grandeza, principalmente depois de contratado pela TV Globo, para fazer comentários de economia nos telejornais. Mas a base de seu trabalho sempre foi a coluna escrita, que chegou a ser publicada, diariamente, em quarenta dos principais jornais brasileiros. Nela sustentou o prestígio para atuar com sucesso na televisão. "A coluna diária foi meu pau de barraca profissional", escreve Joelmir, na auto-apresentação que assina em seu *blog*.[11]

ʃ

Enquanto foi colunista, Luis Nassif teve sua coluna de análise de política e realidade econômica regularmente publicada em pelo menos trinta grandes diários brasileiros. Com a agência

---

11 A coluna diária de Joelmir Beting na mídia impressa, lançada em 7 de janeiro de 1970, teve publicação ininterrupta até 30 de janeiro de 2004.

Dinheiro Vivo, além de colunista e conferencista muito solicitado, tornou-se empresário de comunicação, atuando principalmente no mercado *online* de informações do mundo financeiro, tendo como diferencial algo a que se pode chamar *competência de conteúdo*.

O sucesso profissional de Luis Nassif como colunista e empresário da informação resulta da conjugação de duas circunstâncias: a incompatibilidade que, quando repórter de Economia da *Veja*, tinha com as hierarquias da revista (isso, no início dos anos 1970) e a cumplicidade entre ele e o computador.

A história, contada pelo próprio Nassif,[12] passa pelo *Jornal da Tarde*, para onde foi quando saiu da *Veja*. Assumiu as funções de chefe de reportagem e responsável pela agenda de economia, já pensando na possibilidade de atuar no jornalismo com autonomia de colunista. Havia, inclusive, um acordo tácito com o *Jornal da Tarde* para a viabilização desse plano. "Mas, para isso, precisava de nome", e para fazer nome assumiu o pressuposto de que o caminho seria o da análise econômica.

A competição anunciava-se difícil, porque as empresas jornalísticas tinham dinheiro para contratar textos dos bons especialistas. Mas Nassif descobriu que a utilização competente do computador poderia mudar a situação. E preparou-se para isso, com a aquisição de um computador pessoal e muito estudo de matemática financeira.

Conseguiu seu primeiro contrato de colunista no *Shopping News*, um semanário então com tiragem de 600 mil exemplares, distribuído gratuitamente em São Paulo e influente nas classes A e B. Era um jornal voltado para o consumidor, praticando jornalismo utilitário. E em pouco tempo a utilização inteligente do

[12] Depoimento prestado ao autor.

computador capacitou Nassif para a antecipação segura de tendências, em questões que interferiam na tranqüilidade e nos prazeres da classe média, como as políticas tarifárias do governo.

Como profissional autônomo, ingressou definitivamente no jornalismo de serviço, optando pela área do mercado financeiro e envolvendo-se em projetos como o "Seu Dinheiro", de imediato sucesso, no *Jornal da Tarde*.

Com nome conhecido e prestígio consolidado, em junho de 1983 apresentou à *Folha de S.Paulo* o projeto "Dinheiro Vivo", um espaço amplo, de periodicidade semanal, com informação de tendências, fatos, índices, e a análise e discussão de questões relevantes da economia e do mercado financeiro que mexiam com o bolso do cidadão.

Os conhecimentos de matemática financeira deram a Nassif alta competência para analisar a realidade e fazer previsões. E foi assim que, numa análise de repercussão bombástica, antecipou a crise de inadimplência que mataria o Sistema Financeiro de Habitação.

Chegara a hora de realizar sonhos maiores. "Precisava queimar as caravelas", diria, ao montar a retrospectiva. Saiu da *Folha* sabendo que enfrentaria uma fase de aperto financeiro e sobrevivência difícil. Mas montou a empresa e lançou o primeiro boletim eletrônico da Dinheiro Vivo. Foi difícil. Acreditando, porém, nas possibilidades novas da revolução tecnológica – a internet dar-lhe-ia razão – e investindo na tal competência de conteúdo, foi em frente, até ao sucesso.

Como jornalista, Luis Nassif conquistou espaços próprios, tanto na área impressa quanto na eletrônica, e neles exercita o direito à opinião livre. Como empresário, cresceu para um prédio de três andares no centro de São Paulo, onde montou equipe para poder encarar e dar conta de uma agenda carregada de compromissos, reuniões, debates, conferências e solicitações de estudos e projetos.

Sobre sua experiência de colunista, dá o seguinte depoimento:

O colunista funciona como referência, âncora opinativa, para um público perdido entre muitas informações nem sempre bem tratadas. Mas porque também nos tornamos uma espécie de eixo ideológico da discussão pública, somos "patrulhados" por pessoas e segmentos sociais. Meu mérito como colunista foi o de conseguir superar o leitor "patrulheiro", o leitor ativista que existe entre os chamados formadores de opinião, para os quais escrevemos. Mas penso, também, que o personalismo é um perigo, pela influência nefasta que pode exercer.

Para Nassif, o colunismo tornou-se importante no jornalismo brasileiro porque "rompeu o monopólio dos donos dos jornais". Mas está ameaçado pelo "excesso de julgamentos morais, tentação em que se cai quando não se tem argumentos".

6
ALGUMAS IDÉIAS, EM FORMA DE POSFÁCIO

Rever o passado, como se fez neste livro, só tem sentido se do passado formos capazes de enxergar o futuro. Pois de olhos e pensamento no futuro, deixo no fecho do livro algumas reflexões em torno de três propostas, para que, em tempos de second life, o jornalismo impresso possa redescobrir rumos próprios.

Sim, o jornalismo precisa criar novas formas e novos métodos de desvendar o que a aparência agitada da atualidade esconde. Ou seja: precisamos repensar e recriar as formas de uso da linguagem jornalística. No mínimo, para impor ao relato e à explicação dos acontecimentos a perspectiva do sujeito narrador – o jornalista.

A crise do jornalismo impresso entrou nas discussões do Fórum Econômico Mundial de 2007, em Davos. Em sessão fechada, oitenta jornalistas escolhidos "entre os mais respeitados e influentes do planeta" discutiram, a portas fechadas, os dados do relatório de uma pesquisa feita pelo Gallup, cujos resultados sugerem molduras novas para o debate sobre a "crise do jornalismo". O foco preponderante colocou no centro dos debates o futuro dos jornais impressos, cuja morte há décadas vem sendo anunciada, em vão, por profetas que adoram vaticínios catastrofistas.

O Gallup ouviu 55 mil pessoas de sessenta países (dos quais o Brasil não fez parte), colocando-lhes perguntas que andavam em torno da seguinte questão: **qual sua principal fonte jornalística, tanto para a informação quanto para a análise da atualidade?**

Feita a tabulação, a pesquisa revelou que, no que se refere ao meio preferencial como fonte de informação, a categoria "Jornais/Revistas" não passava dos 10%, perdendo, a larga distância, para as TVs locais e/ou nacionais (61%). Mas, pelo que a pesquisa revelou, os meios impressos ganhavam das TVs globais (4%), do rádio (7%) e dos *blogs*, indicados por apenas 3% dos entrevistados.

No que toca, porém, à análise política, a preferência pelos meios impressos quase duplicava, alcançando 19%. Temos aí, a meu ver, clara indicação de que os caminhos do jornalismo impresso podem se alongar e alargar nas áreas em que escasseiam a TV e também os *blogs* (na função da análise, limitados aos mesmos 3% das preferências): capacidade e/ou vocação para responder às crescentes demandas sociais por elucidação.

Mas os 19% alcançados pelos meios impressos na categoria "análise política" indicam, também, que a análise jornalística ainda deixa muito a desejar. No mínimo, carece de inovação, na adequação às novas dinâmicas da atualidade.

Em torno do tema, proponho e resumo algumas idéias que, espero, possam estimular reflexões e debates sobre encruzilhadas que impõem ao jornalismo impresso o desafio de se entender a si próprio, para fazer escolhas.

São três as idéias em torno das quais penso valer a pena refletir:

1) **É preciso romper, de vez e urgentemente, com o velho paradigma que divide o jornalismo em Opinião e Informação.** Por decorrência, romper, também, com os equívocos produzidos por essa fraude teórica no estudo das formas discursivas (chamadas de "gêneros"). Alguns desses equívocos se refletem, por exemplo, na rigidez das fronteiras que, na prática jornalística, separam as formas de Relato das formas de Comentário.

2) **As redações dos meios impressos têm o dever de romper os limites do "mundo noticiado", definidos pelo poder massivo do telejornalismo, e aceitos pelo jornalismo impresso passivamente.** Ao delimitar o "mundo noticiado" com o qual trabalha e se realimenta obsessivamente, a televisão cria, ainda que sem querer, a noção de um "mundo não noticiado", que deveria ser entendido e assumido como desafio pelo jornalismo impresso.

3) Para dar conta do "mundo não noticiado", e de suas relações umbilicais com o "mundo noticiado", o jornalismo impresso tem de reinventar formas e combinações para as ações de narrar e argumentar – e isso inclui o resgate criativo da notícia, para papéis sociais diferentes dos que teve na segunda metade do século XIX.

〵

Acredito que o primeiro de todos os caminhos é o da revisão conceitual. Quando proponho o rompimento com o velho e falso paradigma que divide o jornalismo em Opinião e Informação, não penso apenas, nem principalmente, na questão dos gêneros. Mesmo conceitualmente, os gêneros não passam de formas discursivas mais ou menos eficazes, abertas a fusões e experimentações, tendo em vista as circunstâncias, os objetivos e os intervenientes da ação discursiva que se pretende realizar.

Ora, forma de texto nada tem que ver com Opinião ou Informação. Só para dar um exemplo: onde está a fronteira entre Informação e Opinião numa boa Entrevista?

Ao se dar ao texto a estrutura externa (a isso se chama "forma") de entrevista, o que se faz é optar pela alternativa mais eficaz de relatar conversas. Mas o mesmo conteúdo também poderia ser inteiramente preservado se "acomodado" em outra forma – a de Artigo, por exemplo, caso a intenção autoral preponderante deixasse de ser a de relatar uma conversa e passasse a ser a de propor aos leitores um acordo em torno de idéias. Bastaria eliminar as perguntas e costurar literariamente as respostas, para termos uma argumentação estruturada em forma de Artigo.

Estamos, pois, diante de um falso paradigma, insustentável tanto na teoria quanto na prática. Ou alguém conseguirá definir um bom título ou uma boa abertura de matéria sem intervenções de valoração e ajuizamento? Se, como certa vez escreveu Paulo Francis, fazer jornalismo é saber lidar com relevâncias, como chegar à opção por relevâncias sem o exercício competente da capacidade opinativa? Vamos, pois, trabalhar para o solene enterro da fraude teórica que divide o jornalismo em Opinião e Informação, e construir novos entendimentos do jornalismo, com base na evidência de que, como linguagem e como discurso, ele não se divide, mas se constrói com opiniões e informações.

O que aí fica escrito enquadra-se em um conceito mais amplo, que entende e explica o jornalismo em sua totalidade, como linguagem interpretativa, apoiada no argumento da veracidade. Linguagem com recursos discursivos que lhe permitam dar boa conta de vocação preponderante, culturalmente definida: a de relatar, valorar e elucidar os conflitos da atualidade, nos quais os sujeitos sociais organizados agem pelo que dizem e fazem. Ao cumprir esse papel, o jornalismo não só faz aflorar os conflitos no espaço da discussão pública, mas contribui para que os conflitos noticiáveis se realizem com sucesso, em favor dos processos sociais. E para isso precisa encontrar, criar e aperfeiçoar ousadias de edição que aproximem as ações de relatar e as ações de comentar, em combinações criativas e pedagógicas.

⌡

Para nos entendermos como narradores e argumentadores dos conflitos da atualidade, de atualidade teremos de entender.

Mesmo sem entrar em veredas filosóficas sobre a teoria do acontecimento, é indispensável enxergar que o objeto "atualidade" se compõe da imbricação de dois planos, ou duas vertentes, igualmente importantes. E reciprocamente indispensáveis.

Um deles, o plano que Otto Groth chamou de "o atual" – e convém lembrar que devemos a Groth os estudos mais importantes sobre "atualidade". Por "o atual" se entende aquilo que é e está posto na instância do presente e na vida humana, em suas formas de organização. "O atual" é, pois, a planície da realidade político-social-cultural das pessoas e coletividades, planície organizada em relações de poder, ser e ter, por normas, costumes, valores, leis, rotinas, horários, compromissos. E por sistemas de produção e distribuição de bens, produtos e serviços necessários ao viver humano.

Mas essa superfície, organizada pela lógica e pela previsibilidade das coisas, é submetida a constantes alterações produzidas pela dinâmica da outra vertente da atualidade, a das ações da natureza e/ou da vontade humana, em forma de fatos e acontecimentos que, com maior ou menor potencial, desorganizam, reorganizam, ou podem desorganizar ou reorganizar, o que está posto no mundo presente das pessoas. Por isso, são objeto do Relato e do Comentário jornalísticos.

A relação entre o acontecimento e a notícia é determinada por uma lógica de proporcionalidade fácil de explicar e entender: quanto maior o potencial desorganizador ou reorganizador do acontecimento, maiores a importância e a complexidade da notícia. Por essa lógica se dão as escolhas e decisões jornalísticas.

Para Otto Groth, nessa vertente dinâmica do processo está a "atualidade" propriamente dita, e assim a denomina. Prefiro chamá-la de "o novo atual", graças ao qual o presente é continuamente reelaborado para mudanças supostamente convenientes à vida. No entendimento jornalístico proposto para o conceito de atualidade, temos de olhar, cada vez com mais exigente atenção e atrevida criatividade, para dois aspectos do processo que muito têm que ver com a crise do jornalismo impresso de que tanto se fala:

1) **A ditadura dos acontecimentos programados e controlados**
– A reprodução dos mesmos conteúdos nos diversos meios de comunicação reflete um tempo novo do jornalismo, tempo da Revolução das Fontes, que adquiriram e profissionalizaram a capacidade de criar a pauta jornalística e de supri-la com conteúdos adequados à linguagem jornalística. Por isso, na média (foi o dado a que cheguei em pesquisas de leitura e medições de jornais diários), uma fatia de 95% do espaço impresso do Relato Jornalístico é ocupada por acontecimentos programados, controlados e recheados pelos sujeitos sociais que os produzem. E estes o fazem com tal competência que obrigam jornais concorrentes a repetir não só as notícias, mas até os critérios de relevância na edição. Por isso, títulos e fotos se repetem nas primeiras páginas, diariamente.

Para a sociedade, é ótimo que as instituições e grupos organizados que a constituem tenham capacidade de formular e socializar os próprios discursos. Mas, para o jornalismo e sua linguagem, esse é um problema novo, para o qual as redações precisam abrir olhos e cérebros. No mínimo, para impor ao Relato e ao Comentário dos acontecimentos a perspectiva do sujeito jornalista-narrador.

2) **A hipnose emocional das alterações na superfície** – Os acontecimentos são tantos, e tão interessantes sob o ponto de

vista dos impactos aparentes, que o olhar jornalístico se deixou hipnotizar pelos encantos do que se passa na superfície agitada da atualidade e esqueceu que, abaixo do horizonte visível, e para além e aquém da materialidade dos fatos noticiáveis e noticiados, há um mundo de causas e efeitos, uma vitalidade inesgotável de energias e movimentos conflitantes, própria dos processos culturais de viver e lutar.

Claro que a superfície tem de ser olhada, atentamente e até com rigores metodológicos. Mas não podemos perder a capacidade de fazer os mergulhos de desvendamento que o chamado "jornalismo investigativo" antigamente fazia.

Talvez me digam, e talvez seja verdade, que não há mais espaço nem tempo para a grande reportagem. Pois então é preciso criar novas formas e novos métodos de desvendar o que a aparência agitada da superfície esconde.

Ou seja: precisamos repensar e recriar as formas de uso da linguagem jornalística.

♩

Trabalhei pelo menos dez anos como repórter. Depois, as funções de chefia me tiraram das ruas. Mas, desses dez anos (bem organizados no baú das lembranças...), guardei ensinamentos que muito me serviram para aulas, na tarefa de ajudar a formar repórteres, assumida aos 50 anos.

É verdade que as conexões com a teoria, impostas pela cultura acadêmica, deram ao meu entendimento de reportagem complicações que não existiam na cabeça do antigo repórter. Mas deixemos as complicações de lado, para dar clareza e precisão a uma idéia em que continuo a acreditar: tanto quanto antigamente, o sucesso do jornalismo impresso depende da boa reportagem – qualquer que seja seu formato e seu tamanho. A grande reportagem pode até ter desaparecido das páginas do jornal. A reportagem, não! E nela está o núcleo central da linguagem jornalística, mesmo no jornalismo de hoje.

No entendimento que tenho, boa reportagem é sempre o resultado da existência e da relação solidária, bem articulada, de três precondições: um bom repórter, um bom assunto, um bom motivo. A ausência de qualquer dessas condições resultará no fracasso da reportagem.

Falemos primeiro do repórter, ou melhor, do bom repórter, que só existe se for movido pela energia de se sentir ligado ao mundo e à vida. Não pelo sonho ou pela imaginação, mas pela conexão à realidade circundante. Se o repórter não tiver a capacidade de enxergar o mundo nos limites e nos fatos da aldeia por onde transita, é melhor que troque de ramo.

A relação do repórter com a realidade circundante terá de ser a de um indagador insaciável, mas metódico. Indagador de olhares, para captar as manifestações do cotidiano das pessoas, pois nelas estão os sinais aparentes da complexidade dos grandes temas e dramas. E indagador de perguntas, pois, sem elas, jamais irá além das aparências.

Sem a arte e o atrevimento de associar a pergunta ao olhar, não há bom repórter, porque lhe será impossível atribuir significados e dimensões ao que vê.

Mas a arte da pergunta não é truque de mágica nem mero exercício de esperteza. A pergunta não cai do céu nem nasce da invencionice. A pergunta nasce da relação inteligente com o conteúdo a produzir e com suas razões. Faz parte de uma estratégia de pensar, que define e organiza a fronteira entre o que se sabe e o que se precisa saber, entre o que se vê e o que é preciso desvendar. Filosofia? Talvez. Mas nem tanto. Trata-se, apenas, de entender e pôr em prática o papel da pauta, que é aquele mesmo: reunir e organizar o que se sabe e se vê, para definir o que falta saber e o que há a desvendar – com caminhos e escolhas para se chegar ao conhecimento pretendido.

Essa é uma etapa fundamental do "bem escrever", à qual é cada vez mais indispensável a luz-guia de pontos de vista claramente assumidos. Por mais competente que seja o texto no aspecto lexical e sintático, não haverá boa narração sem um ponto de vista lúcido. No ponto de vista está o fio da meada, na história a contar. Ou seja, o exercício do pensar, nas artes de narrar.

Sem ponto de vista não há como escolher nem articular relevâncias. E sem relevâncias bem articuladas simplesmente não há narração.

Se preferirem, a falta de relevâncias é a ausência do pensar.

♪

O bom assunto não é o fato ou o conjunto dos fatos, nem está no relato linear de "o que e como aconteceu". Os fatos não têm importância se o repórter for incapaz de relacioná-los entre si e de descobrir ou elaborar nessa relação sentidos/significados ideológicos, políticos, sociais, econômicos, culturais ou outros que a criatividade crítica do jornalista possa captar ou atribuir. Exigem-se do bom repórter, portanto, a coragem e a lucidez intelectual de decidir qual deve ser o enfoque preponderante. Ou seja: a perspectiva geradora de critérios para olhar, perguntar, entender, depurar e narrar.

E, por falar em perguntar e entender, é preciso reacender a paixão pela entrevista. O jornalismo impresso está sufocado pelos efeitos do paradigma televisivo, no que se refere às formas de noticiar e debater. Vem desse paradigma, por exemplo, a monotonia diária dos muitos textos de conteúdos engessados em formas que alternam parágrafos com resumos descritivos do repórter e parágrafos com falas curtas de fontes.

Pois acredito que o vigor literário de boas entrevistas seria uma bela ferramenta de criatividade, no esforço que o jornalismo impresso deveria fazer para afirmar identidade estilística própria.

Em favor da entrevista brada a complexidade dos confrontos da atualidade, que exigem explicação e debate. Para isso, nenhuma outra espécie de texto jornalístico tem a eficácia da Entrevista, tanto para os efeitos do desvendamento e da elucidação quanto para o incremento da divergência, nutriente vital da democracia, da cultura e do conhecimento.

♪

Lá atrás, escrevi: "A boa reportagem é sempre o resultado da existência e da relação solidária, bem articulada, de três precondições: um bom repórter, um bom assunto, um bom motivo".

Do bom repórter e do bom assunto, o que importa dizer está dito. Quanto ao bom motivo, basta uma frase: sem razões éticas, não haverá bom repórter, nem bom assunto, nem boa reportagem, porque todas as razões do bom jornalismo têm de ser razões éticas.

BIBLIOGRAFIA

ALBERTOS, José Luiz Martinez. *El mensaje informativo*. Barcelona: ATE, 1977.
_____. *El lenguaje periodístico*. Madri: Paraninfo, 1989.
_____. *Curso general de redacción periodística*. Madri: Paraninfo, 1992.
ANDRADE, Jeferson Ribeiro de; SILVEIRA, Joel (col.). *Um jornal assassinado: a última batalha do Correio da Manhã*. Rio de Janeiro: José Olympio, 1991.
ARISTÓTELES. *Organon – I. Categorias, II. Periérmeneias*. Lisboa: Guimarães Editores, 1985.
_____. *Poética*. São Paulo: Ars Poética, 1992.
AUSTIN, John Langshaw. *How to do things with words*. Oxford: Oxford University Press, 1962.
_____. *Sentido e percepção*. São Paulo: Martins Fontes, 1993.
BAHIA, Juarez. *Jornal, história e técnica*. São Paulo: Martins, 1964.
_____. *Jornal, história e técnica, 1. História da imprensa brasileira*. 4ª ed. São Paulo: Ática, 1990.
BARTHES, Roland. *Elementos de semiologia*. São Paulo: Cultrix, 1971.
_____. *Crítica e verdade*. São Paulo: Perspectiva, 1982.
_____. *Mitologias*. São Paulo: Bertrand-Difel, 1987.
BELAU, Angel Faus. *La ciencia periodística de Otto Groth*. Navarra: Universidade de Navarra, 1966.
BELTRÃO, Luiz. *A imprensa informativa*. São Paulo: Folco Masucci, 1969.
_____. *Jornalismo interpretativo*. 21ª ed. Porto Alegre: Sulina/ARI, 1980a.
_____. *Jornalismo opinativo*. Porto Alegre: Sulina/ARI, 1980b.
BENVENISTE, Emile. *Problemas de lingüística geral*. 2º vol. Campinas: Pontes/Unicamp, 1991.

BOYCE, George; CURRAN, James; WINGATE, Pauline (orgs.). *Newspaper history – from the seventeenth century to the present day*. Londres/Constable/Beverly Hills: Sage Publications, 1978.

BRANDÃO, Helena Nagamine. *Introdução à análise do discurso*. Campinas: Unicamp, 1994.

CALVINO, Ítalo. *Seis propuestas para el próximo milénio*. Madri: Siruela, 1989.

CASASÚS, Josep María. *Iniciación a la periodística*. Barcelona: Teide, 1988.

CASASÚS, Josep Maria; LADEVÉZE, Luis Núñez. *Estilo y géneros periodísticos*. Barcelona: Ariel, 1991.

CHAPARRO, Manuel Carlos. *Pragmática do jornalismo – buscas práticas para uma teoria da ação jornalística*. 1ª ed. São Paulo: Summus, 1994.

_____. *Pragmática do jornalismo – buscas práticas para uma teoria da ação jornalística*. 3ª ed. São Paulo: Summus, 2007.

COIMBRA, Oswaldo. *O texto da reportagem impressa – um curso sobre sua estrutura*. São Paulo: Ática, 1993.

DELEUZE, Gilles. *Lógica do sentido*. São Paulo: Perspectiva/Edusp, 1974.

DOURADO, Mecenas. *Hipólito da Costa e o Correio Braziliense*. Tomos I e II. Rio de Janeiro: Biblioteca do Exército, 1957.

DUCROT, Oswald. *O dizer e o dito*. Campinas: Pontes, 1987.

DUCROT, Oswald; TODOROV, Tzvetan. *Dicionário enciclopédico das ciências da linguagem*. 2ª ed. São Paulo: Perspectiva, 1988.

ECO, Humberto.*Obra aberta*. São Paulo: Perspectiva, 1968.

_____. *Conceito de texto*. São Paulo: Edusp, 1984.

_____. *Mitologias*. São Paulo: Difel, 1987.

_____. *Interpretação e superinterpretação*. São Paulo: Martins Fontes, 1993.

Enciclopédia Delta Larousse. Rio de Janeiro: Delta, 1962.

FAUSTO, Boris. *História do Brasil*. São Paulo: Edusp, 1994.

FOUCAULT, Michel. *Microfísica do poder*. 10ª ed. Rio de Janeiro: Graal, 1992.

FRANCO, Graça. *A censura e a imprensa (1820-1974)*. Lisboa: Imprensa Nacional/Casa da Moeda, 1993.

FRYE, Northrop. *Anatomía de la crítica*. Caracas: Monte Ávila, 1991.

GARCIA, Luiz (org. e edit.). *Globo – Manual de redação e estilo*. 16ª ed. Rio de Janeiro: Globo, 1992.

GARCÍA-TALAVERA, Teresa Velásquez. *Los políticos e la televisión*. Barcelona: Ariel, 1992.

GENETTE, Gerard. *Discurso da narrativa*. Lisboa: Vega Universitária, 1976.

GOMIS, Lorenzo. *Teoría del periodismo – cómo se forma el presente*. Barcelona/Buenos Aires: Paidós, 1991.

GRACIA, Francisco (comp.). *Presentación del lenguaje*. Madri: Taurus, 1972.

GREIMAS, A. J. *Semântica estrutural*. São Paulo: Cultrix/Edusp, 1973.

_____. *Semiótica do discurso científico: da modalidade – monografias de semiótica e lingüística*. São Paulo: Difel/Difusão Editorial, 1976.

GREIMAS, A. J.; COURTÉS, J. *Dicionário de semiótica*. São Paulo: Cultrix, s.d.

GUIMARÃES, André (org.). *História e sentido da linguagem*. Campinas: Pontes, 1989.

HABERMAS, Jürgen. *Consciência moral e agir comunicativo*. Rio de Janeiro: Tempo Brasileiro, 1989.

_____. *Teoría de la acción comunicativa, I – racionalidad de la acción y racionalización social*. Madri: Taurus, 1992a.

_____. *Teoría de la acción comunicativa, II – crítica de la razón funcionalista*. Madri: Taurus, 1992b.

HEGENBERG, L. *Etapas da investigação científica*. v. 1 e 2. São Paulo: EPU/Edusp, 1976.

JAKOBSON, Roman. *Lingüística e comunicação*. 4ª ed. São Paulo: Cultrix, 1970.

JAMES, William. *El significado de la verdad.* 5ª ed. Buenos Aires: Aguilar, 1980.
KERBRAT-ORECCHIONI, Catherine. *La enunciación – de la subjetividad en el lenguaje.* Buenos Aires: Hachette, 1986.
KERMODE, Frank. *Formas de atenção.* Lisboa: Edições 70, 1991.
KIENTZ, Albert. *Comunicação de massa – análise de conteúdo.* Rio de Janeiro: Eldorado, 1973.
KUCINSKI, Bernardo. *Jornalistas e revolucionários – nos tempos da imprensa alternativa.* São Paulo: Scritta, 1991.
LADRIÈRE, Jean. *A articulação do sentido.* São Paulo: EPU/Edusp, 1977.
LAGE, Nilson. *Ideologia e técnica da notícia.* Petrópolis: Vozes, 1979.
_____. *Linguagem jornalística.* São Paulo: Ática, 1985.
LAMIQULZ, Vidal. *El contenido lingüístico – del sistema al discurso.* Barcelona: Ariel, 1985.
LIMA, Luiz Costa. *Teoria da literatura em suas fontes – Volumes I e II.* 2ª ed. Rio de Janeiro: Francisco Alves, 1983.
LINS DA SILVA, Carlos Eduardo. *O adiantado da hora – a influência americana sobre o jornalismo brasileiro.* São Paulo: Summus, 1991.
_____. *Mil dias – os bastidores da revolução de um grande jornal.* São Paulo: Trajetória Cultural, 1988.
MARCONDES FILHO, Ciro. *Jornalismo fin-de-siècle.* São Paulo: Escrita Editorial, 1993.
MEDINA, Cremilda. *Profissão jornalista: responsabilidade social.* Rio de Janeiro: Forense Universitária, 1982.
_____. *Entrevista, o diálogo possível.* São Paulo: Ática, 1986.
_____. *Notícia, um produto à venda.* 2ª ed. São Paulo: Summus, 1988.
MELO, José Marques de. *Sociologia da imprensa brasileira.* Petrópolis: Vozes, 1973.
_____. *A opinião no jornalismo brasileiro.* 2ª ed. Petrópolis: Vozes, 1994.

MELO, José Marques de; LINS DA SILVA, Carlos Eduardo. *Perfis de jornalistas*. São Paulo: ECA/USP, 1991.

MORAGAS. M. de (edit.). *Sociología de la comunicación de masas – I. Escuelas y autores*. Barcelona: GG, 1985.

_____. *Sociología de la comunicación de masas – I. Estructura, funciones e efectos*. Barcelona, GG, 1985.

MORRIS, Charles. *Signos e valores*. Lisboa: Via, 1978.

Novo manual de redação (versão eletrônica). São Paulo: Folha de S.Paulo, 1992.

PAILLET, Marc. *Jornalismo, o quarto poder*. São Paulo: Brasiliense, 1986.

PALACIO, Juan Gutierrez. *Periodismo de opinión*. Madri: Paraninfo, 1984.

PÊCHEUX, Michel. *Semântica e discurso – uma crítica à afirmação do óbvio*. Campinas: Unicamp, 1988.

PEIRCE, Charles Sanders. *Semiótica e filosofia (textos escolhidos)*. São Paulo: Cultrix, 1975.

_____. *Lecciones sobre el pragmatismo*. Buenos Aires: Aguilar, 1978.

QUESADA, Montse. *La entrevista: obra creativa*. Barcelona: Editorial Mitre, 1984.

QUIVY, Raymond; CAMPENHOUDT, Luc Van. *Manual de investigação em ciências sociais – trajetos*. Lisboa: Gradiva, 1992.

REIS, António (coord.). *Portugal, 20 anos de democracia*. Lisboa: Círculo do Livro, 1993.

REIS, Carlos; LOPES, Ana Cristina M. *Dicionário da teoria narrativa*. São Paulo: Ática, 1988.

RICOEUR, Paul. *O discurso da ação*. Lisboa: Edições 70, 1988.

RIZZINI, Carlos. *Hipólito da Costa e o Correio Braziliense*. São Paulo: Cia. Editora Nacional, 1957.

RODRIGUES, Adriano Duarte. *Dimensões pragmáticas do sentido*. Lisboa: Cosmos, 1996.

SANTAELLA, Lúcia. *A percepção, uma teoria semiótica*. São Paulo: Experimento, 1993.

SANTOS, Mário Ferreira. *Dicionário de filosofia e de ciências culturais.* São Paulo: Maltese, 1963.

SARAIVA, José Hermano. *História concisa de Portugal.* Lisboa: Publicações Europa-América, 1981.

SEARLE, John R. (org.). *The philosophy of language.* Oxford: Oxford University Press, 1974.

_____. *Mente, cérebro e ciência.* Lisboa: Edições 70, 1984.

_____. *Os atos de fala.* Coimbra: Almedina, 1981.

SECANELLA, Petra M. *Periodismo de investigación.* Madri: Tecnos, 1986.

SEMAMA, Paolo. *Linguagem e poder.* Coleção "Pensamento Político". nº 42. Brasília: Editora Universidade de Brasília, 1981.

SIMPSON, Thomas Moro. *Linguagem, realidade e significado.* 2ª ed. Rio de Janeiro: Francisco Alves, 1979.

SODRÉ, Nelson Werneck. *A história da imprensa no Brasil.* Rio de Janeiro: Civilização Brasileira, 1966.

TENGARRINHA, José M. *História da imprensa periódica portuguesa.* 2ª ed. Lisboa: Caminho, 1989.

_____. *Da liberdade unificada à liberdade subvertida.* Lisboa: Colibri, 1993.

TODOROV, Tzvetan. *Gêneros do discurso.* São Paulo: Martins Fontes, 1980.

TRAQUINA, Nelson (org.). *Jornalismo: questões, teorias e "estórias".* Lisboa: Vega, 1993.

TURNBULL, Arthur L.; BAIRD, Russell N. *The graphics of communication: tipography, layout, design.* 2ª ed. Nova York: Holt, Richard and Winston, 1968.

URABAYEN, Miguel. *Estructura de la información periodística – concepto y método.* Barcelona: Editorial Mitre, 1988.

VAN DIJK, Teun A. *La ciencia del texto.* Barcelona/Buenos Aires: Paidós, 1983.

_____. *La noticia como discurso – comprensión, estructura y producción de la información.* Barcelona/Buenos Aires: Paidós, 1990.

_____. *Cognição, discurso e interação*. São Paulo: Contexto, 1992.

VERON, Eliseo. *Conducto, estructura y comunicación*. Buenos Aires: Tempo Contemporáneo, 1972.

_____. *A produção do sentido*. São Paulo: Cultrix/Edusp, 1980.

_____. *Construir el acontecimiento*. Buenos Aires: Gedisa, 1983.

VIVALDI, Gonzalo Martin. *Géneros periodísticos – reportaje, crónica, artículo – análisis diferencial*. 4ª ed. Madri: Paraninfo, 1987.

VOGT, Carlos. *Linguagem pragmática e ideologia*. São Paulo: Hucitec, 1989.

WAINER, Samuel. *Minha razão de viver – memórias de um repórter*. 6ª ed. Rio de Janeiro: Record, 1988.

WATZLAWICK, Paul; BEAVIN, Janet H.; JACKSON, Don D. *Pragmática de comunicação humana*. São Paulo: Cultrix.

WELLS, H. G. *História universal*. v. 1 a 7. São Paulo: Cia. Editora Nacional, 1966.

WITTGENSTEIN, L. *Tractatus logico-philosophicus*. Madri: Alianza, 1986.

WOLF, Mauro. *Teorias de comunicação*. Lisboa: Presença, 1987.

XAVIER, Maria Francisca; MATEUS, Maria Helena. *Dicionário de termos lingüísticos – Volumes I e II*. Lisboa: Cosmos, 1990.

IMPRESSO NA
sumago gráfica editorial ltda
rua itauna, 789 vila maria
02111-031 são paulo sp
telefax 11 **6955 5636**
sumago@terra.com.br